クイズに挑戦! 楽しく理解!

プロが教える年金知識

原 令子 著

ぎょうせい

はじめに

　最近、国民年金の保険料の納付率が50％台と低迷しています。どうすれば収納率が上がるのかを検討するために、社会保障審議会年金部会の下に「年金保険料徴収強化等に関する専門委員会」が設けられ、私も専門委員として参加いたしました。専門委員会の報告書は平成25年12月に提出しましたが、それをもとに、厚生労働省は、平成26年度から滞納者に対して強制徴収を実施する方針を固めました。

　しかし、なぜ国民年金の保険料の納付率が低下しているのでしょうか？委員会で最も多かった意見は、やはり年金制度に対する国民の不信感が拡大しているという点でした。「国民年金は未納者が多いので、年金財政が破たんする」「公的年金はそのうち破たんするので保険料を納めても無駄である」などの誤解がマスコミを通じて広がっています。その誤解を真に受けて、ご自身の「老後等に支えられる権利」を滞納という形で自ら放棄することは、大変もったいないことです。

　委員会では、強制徴収も必要ではあるが、公的年金についての広報活動や教育が大切であるという意見が強く出されました。年金制度への正しい理解を深め、自主納付する人を育てることこそ、根本的な解決策であると思います。

　この委員会で、私は、公的年金が私たち国民にとって大きな財産であることを再確認しました。これからも、これまで以上に「公的年金の語り部」として、いろいろな場所であらゆる機会を捉えて、国民の皆様にわかりやすく「公的年金の意義」をお伝えしていきたいと強く願っています。

　本書は、クイズ形式で、皆様の年金に対する疑問や思い違いにお答えするようにしました。まずは、この本を気軽にお読みください。楽しく

読んで、「へぇー、そんなふうになっているのか」と気づいていただいたり、「ああ、そうなんだ！」と納得していただければ幸いです。ささやかに、あなたのお役に立てるよう願っています。
　なお、この本を出版するにあたり、社会保険労務士石原義之先生、社会保険労務士赤井加代子さん、社会保険労務士坂本早苗さんにご協力をいただきました。この場を借りてお礼申し上げます。

2014年5月吉日

　　　　　　　　　　　　　　　　　社会保険労務士　原　令子

目　次

はじめに

第1章　公的年金とはどのようなもの？

Q1	年金が不要な人は、加入しなくてもよい？	2
Q2	年金額の改定と公的年金のメリット	4
Q3	国庫負担と公的年金のメリット	6
Q4	どの制度が公的年金？	8
Q5	どんな時に年金は受け取れる？	10
Q6	国民年金の保険料は安い？高い？	12

第2章　公的年金の加入について

Q1	厚生年金が適用されるのは？	16
Q2	厚生年金に加入するのは？	17
Q3	厚生年金と国民年金の関係は？	18
Q4	厚生年金に加入するメリットは？	20
Q5	国民年金の加入者は？	22
Q6	障害や遺族年金が受けられる人も国民年金に加入する？	25
Q7	海外在住の人の国民年金の加入は？	27

改正情報　任意加入の未納期間が合算対象期間に算入される！
【施行日：平成26年4月1日】　28

Q8	夫が定年退職後の妻の国民年金の加入は？	30
Q9	わずかな期間でも国民年金に加入しなければならない？	32
Q10	5年前の未納期間、今から納付できる？	33

改正情報　平成27年9月末までなら後納制度で、過去10年までの
未納期間を納められる？！　34

| Q11 | 厚生年金のみに加入、老齢基礎年金は受け取れる？ | 35 |

改正情報　共済年金が、厚生年金と一元化されて、ひとつになる？！
【施行日：平成27年10月1日】　36

| Q12 | 厚生年金には何歳まで加入できる？ | 37 |

Q13	第2号被保険者は、国民年金に何歳まで加入できる？	38
Q14	パートでも厚生年金に加入	40
改正情報	厚生年金の適用が拡大?!【施行日：平成28年10月1日】	41
Q15	会社が倒産しても、年金は受け取れる？	42
Q16	厚生年金基金に加入できる？	44

第3章　年金の保険料

Q1	厚生年金に加入している人の国民年金の保険料は？	48
Q2	サラリーマンの妻の国民年金の保険料は、誰が支払っている？	49
Q3	国民年金保険料の割引制度は？	50
改正情報	「2年前納制度」新設、2年間で1万4,800円の割引！【平成26年4月分から】	51
Q4	国民年金保険料の免除・猶予等は？	52
改正情報	学生納付特例の届出が遅れても、2年の時効の範囲まで認められる【施行日：平成26年4月1日】	55
Q5	国民年金保険料の猶予等のメリットは？	56
Q6	付加年金と付加保険料について	58
改正情報	付加保険料もさかのぼって2年分納付可能に！【施行日：平成26年4月1日】	61
Q7	厚生年金の保険料の計算は？	62
Q8	報酬の範囲は？	63
Q9	産前・産後の厚生年金の保険料は？	65
Q10	退職月の厚生年金の保険料は？	68

第4章　老齢年金について

Q1	老齢の年金の受給要件は？	72
改正情報	老齢の年金の受給資格期間が25年以上から10年以上に短縮される？【施行日：平成27年10月1日】	73
Q2	受給資格期間に入る期間は？	74
Q3	老齢基礎年金の支給開始年齢は？	77

改正情報	繰下げ請求を70歳以後にしても、70歳までさかのぼって受給できる！【施行日：平成26年4月1日】	79
Q 4	老齢厚生年金は何歳から受け取れるの？	80
Q 5	長期加入者の特例について	82
改正情報	特別支給の老齢厚生年金の障害者特例がさかのぼって適用される【施行日：平成26年4月1日】	84
Q 6	加給年金額の加算は？	86
Q 7	夫の厚生年金には必ず加給年金額が加算される？	88
Q 8	配偶者が老齢厚生年金を受給すると、加給年金額は、どうなる？	89

第5章　年金額について

Q 1	老齢基礎年金の満額は？	92
Q 2	老齢基礎年金の年金額に反映する期間	93
Q 3	老齢基礎年金の簡単計算は？	94
改正情報	特例水準の解消	95
Q 4	保険料免除期間の取扱いは？	96
Q 5	遺族・障害基礎年金の年金額は？	98
Q 6	老齢基礎年金の金額を増やしたい	100
Q 7	厚生年金加入者の老齢基礎年金の額は？	101
Q 8	老齢厚生年金の年金額の計算は？	103
Q 9	老齢厚生年金の最高額はいくら？	106
Q10	老齢厚生年金の経過的加算額とは？	107
Q11	60歳以後働くと、いつの時点で年金が増えるの？	110
Q12	老齢基礎年金の繰上げ受給の注意点は？	111
Q13	老齢厚生年金の繰上げ受給について	113
Q14	老齢厚生年金の繰下げ受給について	116

第6章　働いたときの年金

Q 1	働くと年金はカットされる？	120

Q2	年金がカットされない方が有利？	121
Q3	低い給料で再就職、年金額も下がる？	123
Q4	家賃収入等も年金のカットに影響？	126
Q5	在職老齢年金の額は？	128

第7章　雇用保険からの給付

Q1	高年齢雇用継続基本給付金とは？	132
Q2	高年齢雇用継続基本給付金は、いくら受給できる？	134
Q3	高年齢雇用継続基本給付金と特別支給の老齢厚生年金の調整	136
Q4	基本手当の受給	138
Q5	基本手当の額について	141
Q6	特別支給の老齢厚生年金と基本手当は調整される？	144
Q7	高年齢雇用継続基本給付金と基本手当	146

第8章　遺族の給付

Q1	遺族の範囲は？	150
改正情報	夫にも遺族基礎年金が支給される!!【施行日：平成26年4月1日】	152
Q2	遺族基礎年金の受給期間は？	153
Q3	第3号被保険者の妻が死亡、遺族基礎年金は？	155
Q4	遺族基礎年金の亡くなった人の要件は？	156
Q5	遺族厚生年金の遺族の範囲は？	158
Q6	過去に厚生年金の期間がある夫の死亡、遺族厚生年金は？	159
Q7	子供の遺族厚生年金を親が受け取れる？	161
Q8	共働きの妻の死亡。遺族厚生年金は？	164
Q9	65歳からの老齢と遺族の選択は？	166
Q10	内縁の妻は遺族年金の対象になる？	168
Q11	遺族厚生年金の額は？	169
Q12	遺族厚生年金の失権	170

第9章　障害の給付

- Q1　事故に遭ってから保険料を納めれば、年金は受給できる？　174
- Q2　障害基礎年金は、何歳までの障害を保障する？　177
- Q3　繰上げ受給後に障害になったら？　178
- Q4　20歳前の障害は、保障される？　179
- Q5　障害基礎年金の額はいくら？　182
- Q6　退職後に障害に…障害厚生年金は？　184
- Q7　厚生年金の障害の給付は？　186

第10章　年金の請求

- Q1　年金の受給に手続きは必要か？　190
- Q2　働くので年金は全額カットになるけれど、請求するの？　191
- Q3　厚生年金も65歳で請求する方が有利？　192
- Q4　妻の年金を夫名義の口座で受け取れる？　194
- Q5　年金は、何月分から支払われる？　195
- Q6　未支給年金って何？　197
- Q7　未支給年金を受給できる遺族の範囲は？　199
- Q8　年金の請求書は、どこにあるの？　201
- Q9　戸籍謄本は早めに取り寄せてもいい？　202
- Q10　年金請求の時効は？　203

第11章　年金の税金

- Q1　年金に税金はかかる？　206
- Q2　遺族年金にも課税される？　207
- Q3　基金からの年金にも課税される？　208

第1章　公的年金とはどのようなもの？

年金が不要な人は、加入しなくてもよい？

Q1 「私は、将来の生活については、自分できちんと備えをしておくつもりなので、年金は受給しなくてもよいと考えています。だから、国民年金の保険料は、納めていません。」

さて、このように年金が不要だと考えている人は、国民年金の保険料を納めなくてもよいのでしょうか？
次のうち正しいものを選んでください。

A 自分の人生に責任を持つのは自分自身なので、年金を受給しなくてもよいと考える場合は、納めなくてもよい

B 年金制度は強制加入となっているため、将来年金受給を希望しない場合でも、加入条件に該当した場合は、加入する義務がある

【解説】

「自分の人生に責任を持つのは自分自身だ。自分でしっかり準備をするので、公的年金は当てにしていない。受給しなくてもよいと考えるので、保険料は納めなくてもよい。」

一見、もっともらしく思える考えですが、実際にはどうでしょうか？というのも人生には、上り坂、下り坂、まさかの坂だってあります。

年金に加入する20歳時点から見渡しても、優に60年以上の将来があり、その中で、どんなことが起こってくるのか、それはだれにも予想がつきません。

長い人生の中で起こってくる様々な困難な場面に対応できる保障を個人の力だけで準備することや、貯蓄で十分な老後費用を準備することは、現状の低金利やインフレによる目減りを考えると、大変難しい状況です。そこで、国民が互いに支えあう制度として存在するのが公的年金制度です。

公的年金制度の特徴の一つは、決められた条件に該当する人は、本人の意思に関係なく、強制加入である点です。強制加入にすることによって、将来の長生き・障害・死亡といったリスクを理解して備えようとする人も、そのような考えを持たない人又は持てない人も含めて保障することができるというメリットがあります。また、加入者数が安定し、財政も安定することにつながります。

　そして、「受給しなくてもよいと考えるので、保険料は納めなくてもよい。」という考え方について、厚生労働省の「年金保険料徴収強化等に関する専門委員会」の報告書の中に次のように書かれています。「現役時代に『支える責任』を果たした者が、老後等に『支えられる権利』を認められるという社会連帯の仕組みへの加入義務が全国民に課されている。」

　これは、保険料を納めるということは、単に自分自身が年金を受け取るためではないということ、今の年金世代の人や障害のある人を支えるためのものであり、それが社会連帯の意義であると強調しています。

　つまり、自分自身が納める保険料は、自分自身が受け取る年金として積み立てているわけではなく、現在の受給者への仕送りになっていることを知っていただくと、自分が年金は不要だと考えても保険料を納めるべきであるということを理解していただけるでしょう。

　なお、年金が不要の場合は、「受給権者の申し出による支給停止」という制度があります。受給権者の申し出によって、年金を請求した上で、年金の支給停止を行うことができます。

正解 B

第1章　公的年金とはどのようなもの？

年金額の改定と公的年金のメリット

Q2 公的年金は、毎年4月に年金額が変わるようですが、何を基準に改定されるのですか？
次のうち正しいものを選んでください。
　A　年金受給者の人数
　B　出生率
　C　賃金変動率
　D　物価変動率

【解　説】

　公的年金の額の改定は、毎年4月に行われます。改定の基礎となるものは、現役世代の賃金の変動率と全国消費者物価指数の変動率（前年対前々年）です。新しく年金の受給を開始する際の年金額は、賃金の変動率で改定されます。既に受給を開始している年金は、物価変動率により改定されます。

　このように公的年金には、インフレ等の大きな経済の変動リスクに対応するために、賃金スライドと物価スライドのしくみがあり、賃金や物価等の上昇・下落の変動率を一定割合で年金額に反映させています。

　このしくみにより、年金額の実質的な価値が保たれ、年金の購買力が維持されています。これが公的年金の大きなメリットです。

　これは、公的年金が賦課方式という財政方式をとっているからこそできることです。賦課方式とは、積立金を持たずに（又は持ったとしてもわずかで）、現役加入者の支払う保険料で今の受給者に支払う給付を賄う方式です。

　わが国では、平成24年度において、厚生年金で144兆円、国民年金で10.4兆円相当の積立金がありますが、実態は毎年度の保険料で毎年度の

給付を賄っています。そのため、修正賦課方式であると言われています。この積立金は、今後のさらなる高齢化に備えるためのものです。

　一方、私的年金では、保険会社が倒産した場合でも、年金等を支払うことができるように積立金を持っていなければなりません。そのために積立方式をとっていますが、これは、加入者自身の保険料とその積立金の運用収入で給付を賄うものです。約束した給付は支払われますが、その額が物価や賃金に連動することはないため、インフレなどの大きな変動にはきわめて弱い面があります。

正解
C・D

国庫負担と公的年金のメリット

Q3 公的年金には、国庫負担があると聞きましたが、どの年金に対して、負担しているのですか？
次のうち正しいものを選んでください。
A　老齢基礎年金・遺族基礎年金・障害基礎年金
B　老齢厚生年金・遺族厚生年金・障害厚生年金
C　退職共済年金・遺族共済年金・障害共済年金

【解説】

　公的年金のうち、国民年金には、老齢、障害、遺族の各基礎年金の給付について2分の1（平成21年3月以前の期間については3分の1）の国庫負担が行われています。

　わかりやすく言えば、今20歳の人が40年間保険料を支払って、65歳から受け取る毎年の老齢基礎年金の金額のうち、2分の1は税金を財源として支払われるということになります。例えば、老齢基礎年金の額が年間約70万円の人は、35万円の部分について、税金からの還付を受けているといったイメージです。

　保険料をきちんと納付していて年金が受給できる人も、滞納して受給できない人も消費税は同様に納めなければなりません。だとすれば、保険料をきちんと納めて基礎年金の半分の国庫負担分を受給する方がお得です。保険料を40年納めて老齢基礎年金を年間約77万円受け取ることができる人と、受給資格の25年ぎりぎりで約48万円しか受け取ることができない人とでは、40年納めた人の方が国庫負担分が多く受け取れるのでお得です。つまり、国民年金は、20歳から60歳までの40年納めることになっていますが、40年きちんと納めた人が、結局はお得であるということですね。

また、全額免除を受けた期間についての老齢基礎年金の額が2分の1となるのは、まさに国庫負担分の給付があるということです。多段階免除による給付の考え方も、まず2分の1の国庫負担分の給付があり、その上で本人が負担した保険料の割合に応じた給付がプラスされるということになります。(P97参照)
　免除制度もまた、公的年金ならではのメリットと言えます。

正解 **A**

第1章　公的年金とはどのようなもの?

どの制度が公的年金？

Q4 年金制度の中で公的年金と言われるものは、次のうちどれでしょうか？
次のうち該当するものを選んでください。

A　国民年金　　B　終身年金　　C　確定拠出年金
D　県民共済　　E　定期年金　　F　共済年金
G　企業年金　　H　厚生年金

【解　説】

　この選択肢の中には、制度そのものを表す言葉と制度の特性を表す言葉が入り混じっています。

　終身年金は、一生涯受け取ることができる年金ということですし、定期年金は、ある一定の決まった期間だけの受け取りとなります。

　それから、確定拠出年金は、拠出、つまり保険料が決まっていて、受け取ることができる年金は本人の運用次第というものです。

　県民共済は、消費生活協同組合法に基づき厚生労働省の認可を受けた事業です。

　また、企業年金は、企業内で、従業員の福利厚生の一部としてつくられている…ということで、答えは、国民年金・厚生年金・共済年金の3つですね。

　さて、「公的年金」とは、国や共済組合が運営する年金制度のことで、さっき挙げた、国民年金、厚生年金、共済年金です。また、共済年金の中には、国家公務員共済組合、地方公務員等共済組合、私立学校教職員共済制度があります。

◆公的年金制度と対象者

年金制度の名称	加入する人
国民年金	日本国内に住む原則20歳以上60歳未満のすべての人
厚生年金	厚生年金の適用事業所に勤めている人
共済年金	公務員や私立学校の教職員の人

◆公的年金と私的年金の比較

比較項目	公的年金	私的年金
運営主体	国・共済組合	民間生命保険会社 等
加　入	強制加入なので、加入するかしないかを選択する余地はない	任意加入なので、加入するかしないかは自ら選べる
給　付	画一的 インフレ等の経済変動に対応	加入者が必要に応じて自由に契約 インフレ等には対応していない
保険料	一定額・一定率で決められている 支払いが困難な場合は免除・猶予等の措置あり	給付に応じて支払う額が決まる
財政方式	賦課方式 現役世代が負担する年金保険料は、現在の年金受給者に支払われるという世代間扶養	積立方式 老後の自分への仕送り。自分が支払った保険料を積み立てて、将来自分が受け取る

　これら「公的年金」と言われるものは、強制加入です。加入の条件に当てはまる人は、本人の意思にかかわらず、加入が義務づけられています。このように、すべての国民が何らかの公的年金制度の対象となっていて、加入していることを国民皆年金と言います。

　これに対して、個人で加入している個人年金などは「私的年金」と呼ばれて、公的年金とは区別されます。加入も、本人の意思で決めることができ、任意加入となっています。

正解
A・F・H

第1章　公的年金とはどのようなもの？　9

どんな時に年金は受け取れる？

Q5 次の中で、公的年金が受給できるケースはどれでしょうか？
次のうち該当するものを選んでください。
A　遺族になった時　　B　失業した時
C　病気になった時　　D　災害に見舞われた時
E　老齢になった時　　F　火災に遭った時
G　障害を負った時

【解 説】
　公的年金と言えば、老齢の年金ばかりに目が行き、遺族や障害といった場合にも保障があることは、忘れられがちな部分です。
　老齢の年金は、国民年金の老齢基礎年金ならば、保険料を納めた期間に比例した額です。厚生年金の老齢厚生年金ならば、給料の平均値と加入期間に比例した額となります。しかし、遺族や障害の給付は、加入期間や支払った保険料にかかわらず、加入直後の事故でも一定額が保障されるようになっています。
　このように、遺族や障害の給付は、高齢者世代に限らず、すべての世代の人に対しての保障であることにも注目したいですね。
　さて、公的年金は、次のような場合に受給できるようになります。
- 一定の年齢に達した時　→　老齢
- 病気やけがなどにより、障害の状態になった時　→　障害
- 一家の大黒柱が亡くなった時　→　遺族

◆制度ごとの給付の名称

	国民年金	厚生年金	共済年金
老　齢	老齢基礎年金	老齢厚生年金	退職共済年金
障　害	障害基礎年金 （1級/2級）	・障害厚生年金 　（1級/2級/3級） ・障害手当金	・障害共済年金 　（1級/2級/3級） ・障害一時金
遺　族	遺族基礎年金	遺族厚生年金	遺族共済年金

　年金を受給するには、どの制度に加入していたか、受給に必要な加入年数をみたしていたか、保険料はきちんと納めていたかなど、様々な条件があります。

　また、公的年金以外にも、社会保障制度として健康保険、雇用保険、労災保険などからの給付を受けられる場合があります。

正解
A・E・G

第1章　公的年金とはどのようなもの？

国民年金の保険料は安い？ 高い？

Q6 国民年金の保険料は、月額15,250円（平成26年度価額）ということですが、この保険料は、安いのでしょうか、高いのでしょうか？
　　A　安い
　　B　高い
　　C　どちらもと言えない

【解　説】

　国民年金保険料が高いのか安いのかの判断については、この保険料でどのような保障が受けられるのかが問題です。国民年金で受けることができる主な給付には、次のようなものがあります。

①老齢基礎年金
　　20歳から60歳まで保険料を納付した場合、65歳から年額77万2,800円（平成26年度価額）が終身年金として支給

②遺族基礎年金
　　被保険者が死亡したときに、年額77万2,800円＋子の加算額（1人目・2人目は各22万2,400円。3人目は7万4,100円）が、すべての子が18歳到達年度の末日（3/31）までの間、子のある配偶者又は子に支給

③障害基礎年金
　　65歳未満の人が障害等級2級程度の障害を負った場合、年額77万2,800円が、障害の状態である間支給。1級の場合は、1.25倍の年額96万6,000円となる。

主な給付として3つの基礎年金を紹介しましたが、これだけの保障を私的年金で準備する場合、はたして1万5,250円の掛金で足りるでしょうか？

　私的な年金は企業の経済活動として行われるものです。そこには企業の利益が組み込まれた保険料が設定されます。しかし、公的年金制度は、利益を生む必要がなく、たくさんの加入者を募集するための広告宣伝も必要としません。（もちろん制度の説明や、国民の皆様の理解を深める広報活動は必要です。）

　また、民間の会社では、社員の給料や社屋の管理費用等、年金の運用にかかる費用もすべて保険料に組み込まれますが、公的年金では、職員人件費の他、内部の事務費に保険料が使われることはなく、すべて国庫が負担することになっています。しかも給付の2分の1は、税金で賄われている……

　こういったことから考えても、まずは生活保障の基本は公的年金に置き、不足している部分は私的な年金や保険で補うというのが、バランスの良い考え方だと思われます。

> **正　解**
> 筆者はCだと思いますが、感じ方は様々ですので、正解というのは無しとします。

第1章　公的年金とはどのようなもの？　13

第2章　公的年金の加入について

厚生年金が適用されるのは？

Q1 厚生年金は、どのようなところに適用されますか？
正しいものを選んでください。
A　すべての法人（事業主のみの場合を含む）
B　すべての法人（事業主のみの場合を除く）
C　従業員が常時5人以上いる個人の事業所
　　（農林漁業、サービス業などを除く）
D　従業員が常時5人以上いるすべての個人の事業所

【解 説】
　厚生年金が適用される事業所の条件は、法律で定められています。条件に該当すれば「強制適用事業所」となり、必ず、厚生年金に加入することになります。まず、会社（法人）であれば、業種や従業員の数に関係なく、強制適用事業所となります。例えば、事業主が一人で清掃やコピーから、商品の企画作成、販売、経理までこなしている状態であっても、株式会社・合同会社・合名会社・合資会社等のような法人であれば、厚生年金が適用されます。
　一方、個人の事業所は、業種と従業員の数によって厚生年金が適用されるかどうかが決まります。農林水産業や飲食店業、あるいは理美容業などのサービス業以外の事業所の場合、常時5人以上の従業員がいれば、適用事業所となります。
　強制適用事業所でない事業所については、事業主の申請と半数以上の従業員の同意があれば、厚生労働大臣の認可を受けて適用事業所となることができます。いずれの場合も個人事業主は、被保険者になることができません。

正解 A・C

厚生年金に加入するのは？

Q2 厚生年金は、どのような人が加入しますか？
次のうち正しいものを選んでください。

厚生年金の制度が適用されている会社に勤めている人のうち、
A　20歳以上60歳未満の人は全員加入
B　就職してから70歳までの人は全員加入
C　希望者のみが加入

【解　説】
　厚生年金の制度が適用される会社に勤めている人のうち、70歳未満の人は、全員加入が原則です。国籍や性別、年金の受給の有無にかかわらず被保険者となります。
　ただし、次のような働き方をしている人は、70歳未満であっても厚生年金に加入できません。
　①一時的、臨時的にごく短期間だけ働く人
　②サーカスなど働く場所が移動する人
　③季節的な仕事を短い期間だけする人
　④期間限定の仕事場で働く人
　この他にも、パートやアルバイトとして働く場合で、労働時間、労働日数のいずれか又は両方が、正社員の４分の３未満の場合は、厚生年金に加入できません。例えば、正社員の所定労働時間等が、１日８時間、１カ月20日であった場合、１日６時間未満又は、１カ月15未満で働くと厚生年金に加入できなくなります。

正 解　**B**

第２章　公的年金の加入について　17

厚生年金と国民年金の関係は？

Q3 厚生年金や共済年金に加入している人は、国民年金にも加入しているのですか？

次のうち正しいものを選んでください。

A 厚生年金や共済年金に加入している人は、国民年金にも加入している

B 厚生年金や共済年金に加入している人は、国民年金には加入していない

【解説】

昭和61年3月までの年金制度は、民間の会社にお勤めの人は厚生年金に、公務員の人は共済年金制度に、自営業等の人は国民年金に加入することとなっており、それぞれの制度は独立していました。そのため、厚生年金や共済年金に加入している人が、同時に国民年金にも加入するということはできませんでした。

しかし、昭和61年4月1日より、厚生年金や共済年金に加入している人は、同時に国民年金にも加入することとなりました。そして、すべての国民に共通の制度として、「基礎年金」が創設され、厚生年金や共済年金に加入していた人も、国民年金を受け取ることができるようになりました。

どんな人にも人生の転換となった日がありますが、年金制度においては、昭和61年4月1日は、大きな制度の転換日だったのです。

国民年金基金	企業年金	職域加算	
	厚生年金	共済年金	

- 国民年金基金: 都道府県ごとの地域型と職種ごとの職能型があり、選択して加入できる
- 企業年金: 厚生年金基金／確定拠出年金／確定給付企業年金 等
- 職域加算: 20年以上加入した場合は報酬比例部分相当額の2割　1年以上20年未満加入した場合は1割

国 民 年 金

第1号被保険者	第2号被保険者		第3号被保険者
自営業者・学生等	会社員等	公務員・私立学校教職員	専業主婦等
20歳以上60歳未満で第2・3号被保険者以外の人（国内居住者に限る）	65歳未満の厚生年金の適用事業所で雇用される人		20歳以上60歳未満で第2号被保険者の被扶養配偶者（年収130万円未満）
1,864万人	3,913万人		960万人

（平成24年度末）

正解 A

第2章　公的年金の加入について　19

厚生年金に加入するメリットは？

Q4 国民年金のみに加入した場合と、厚生年金に加入した場合の比較をしました。
次のうち正しいものを選んでください。

A 障害等級1・2級の障害を負った場合、初診日に厚生年金に加入していたら、障害基礎年金に加えて障害厚生年金を受給できる

B 夫が死亡して妻と子が残された場合、夫が死亡日に厚生年金に加入していたら、妻に遺族基礎年金と遺族厚生年金が支給される

C 給与等が低い場合は、厚生年金に加入した方が低額な保険料で手厚い老齢の保障を受けることができる

【解 説】

どれが間違いか悩んだことと思いますが、すべて正解です。正しいものが3つもあるなんて、予想外だったことでしょう。

では、国民年金のみ加入の場合と、厚生年金に加入した場合の比較をしてみましょう。

厚生年金に加入していることは、国民年金にも第2号被保険者として加入しているということです。そのため、厚生年金に加入している人は、いざという時には、両方の制度から給付を受けられることになります。

選択肢Aの障害の年金は、厚生年金加入中であれば、障害基礎年金1・2級に加えて障害厚生年金1・2級が受給できます。また、厚生年金では、障害の状態が1・2級に該当しない場合は、3級の年金があり、もっと軽い状態の場合は年金ではなく障害手当金という一時金の制度もあります。

次に選択肢Ｂの遺族の年金ですが、国民年金のみに加入している人が亡くなると遺族基礎年金が残せます。厚生年金に加入している人が亡くなると遺族基礎年金と遺族厚生年金を残すことができます。

ところで、遺族基礎年金は子がいないと支給されないため、国民年金のみの加入者で子がいない人が亡くなった場合は、遺族の給付が何も残せないケースがあります。また、すべての子が18歳年度末に到達すると、遺族基礎年金は失権しますが、妻の遺族厚生年金は、子の有無に関係なく受給できます。

最後に選択肢のＣについて考えてみましょう。厚生年金の保険料は、本人と勤務先の会社とで折半負担です。本人負担分だけで見ると、給料が17万5,000円未満の場合は、国民年金の保険料よりも軽い負担となります。にもかかわらず、年金の受給額は多くなります。「えっ、そんなのあり？！」との声が聞こえますが、試算してみましょう。

20歳から60歳までの40年間、国民年金加入のＡさんと、厚生年金の加入のＢさん（給料170,000円）を比較してみましょう。

《月額保険料》

| Ａさんの国民年金保険料
負担額（15,250円） | ＞ | Ｂさん本人が負担する
厚生年金保険料（14,552円） |

《給付》

Ａさんは老齢基礎年金のみの受給、Ｂさんは老齢基礎年金と老齢厚生年金の受給となります。老齢基礎年金の額は、加入期間に応じた額となるので、加入期間が同じならば、同額になります。その結果、Ｂさんは Ａさんより負担額は少ないけれども、老齢厚生年金分がＡさんより丸々お得ということになります。

Ａさん
老齢基礎年金
772,800円

Ｂさん
（給料等の平均値が170,000円と仮定）
老齢厚生年金
（約43万円/年）
老齢基礎年金
772,800円

正解
Ａ・Ｂ・Ｃ

第2章　公的年金の加入について

国民年金の加入者は？

Q5 国民年金には、どんな人が加入するのでしょうか？
次のうち正しいものを選んでください。

A 自営業者、学生、アルバイトなどの人が加入する
B 自営業者などの他、サラリーマンに扶養されている配偶者も加入する
C 自営業者などの他、サラリーマンの配偶者と厚生年金や共済年金の被保険者も加入する

【解説】

国民年金には原則として、日本国内に住所のある20歳以上60歳未満の人はすべて、加入することとなっています。加入者は、強制加入被保険者（本人の意思に関係なく、条件に該当すれば加入しなくてはならない人）と任意加入被保険者（本人の希望によって加入できる人）に分けられます。

◆強制加入被保険者

強制加入被保険者として国民年金に加入する人は、次の3つのグループに分けられます。

被保険者の種類	どんな人が該当するのか
第1号被保険者	日本国内に住んでいる、自営業者や学生、パート、アルバイトの人や無職の人で20歳以上60歳未満の人
第2号被保険者	厚生年金、共済年金に加入している人（ただし、65歳以上で老齢・退職の年金を受けられる人は除きます）
第3号被保険者	第2号被保険者に扶養されている配偶者のうち、20歳以上60歳未満の人

このグループ分けでは、まず、第1号被保険者と第3号被保険者グループには、「20歳以上60歳未満」という条件が付いていることに注目してください。

　例えば、18歳で結婚した場合であっても20歳になるまで第3号被保険者にはなれません。しかし、第2号被保険者（サラリーマン）は、年齢制限がありませんので、高校を卒業後18歳で就職すると、その時点から第2号被保険者として、国民年金に加入することになります。

　次に、第1号被保険者には、「国内居住」という限定条件が付いていますが、第2号被保険者と第3号被保険者にはないことに注目してください。例えば、厚生年金に加入している夫が、その会社に籍を置いたまま、妻を連れて海外に赴任すると、夫は第2号被保険者のまま海外勤務となり、その妻を海外に同行しても第3号被保険者の資格をなくすることはありません。一方、学生が海外留学をする場合は、第1号被保険者から除かれます。

◆任意加入被保険者

　任意加入できる人ですが、60歳以上65歳未満の人や外国に住んでいる日本人（先ほどの留学生も該当します。）は、本人の申し出により、任

㊞ 任意加入被保険者になることができる人

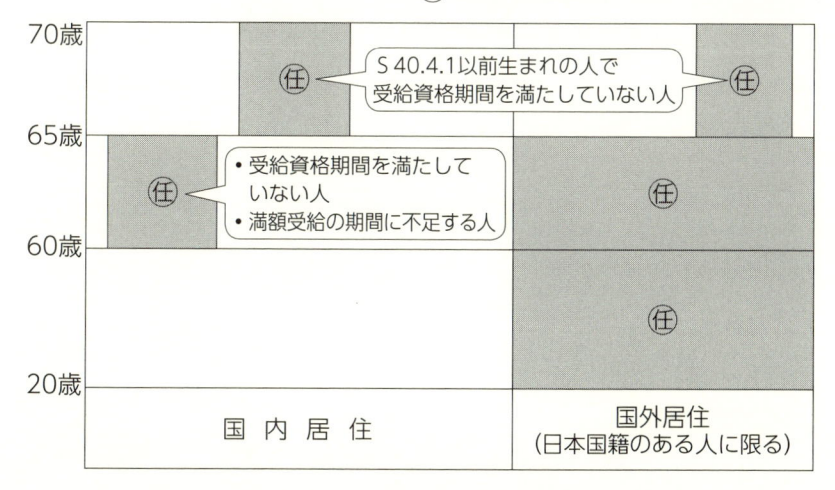

	国内居住	国外居住 (日本国籍のある人に限る)
70歳		
	㊞ S40.4.1以前生まれの人で 受給資格期間を満たしていない人	㊞
65歳		
	㊞ ・受給資格期間を満たして いない人 ・満額受給の期間に不足する人	㊞
60歳		
		㊞
20歳		

第2章　公的年金の加入について　23

意加入をすることができます。また、65歳時点で老齢年金を受ける権利のない人は、70歳までの間で受給資格期間を満たすまで、任意加入をすることもできます。ただし、昭和41年4月1日以前生まれの人に限定されます。

　なお、任意加入被保険者が設けられている理由は、次の2つです。
①年金額をできるだけ満額に近づける
②受給資格期間(年金を受給するのに必要な25年の加入期間)に足りない人が、任意加入で受給資格を満たして、年金が受け取れるようにする

正解 C

障害や遺族年金が受けられる人も国民年金に加入する？

Q6 障害や遺族年金が受けられる場合でも国民年金に加入しなければなりませんか？
次のうち正しいものを選んでください。
A　障害の年金を受給する場合は、国民年金に加入しなくてもよい
B　遺族の年金を受給する場合は、国民年金に加入しなくてもよい
C　障害又は遺族の年金を受給する場合でも、国民年金には加入しなければならない

【解　説】
　日本国内に居住する20歳以上60歳未満の人は、国民年金に加入することになっています。外国籍の人も、条件に該当すれば国民年金には強制加入です。障害や遺族の年金を受けられる場合も例外ではなく、日本国内に居住し、20歳以上60歳未満であれば、国民年金には加入しなければなりません。
　しかし、「障害や遺族の年金が受給できるのに、わざわざ保険料を支払うメリットはあるの？」「障害又は遺族基礎年金と老齢基礎年金は、両方一緒には受け取れないのでしょう？」という疑問がわいてきますよね。その点について説明しましょう。
　一般的には、「障害や遺族の年金も終身受給できる」というイメージだと思いますが、必ずしもそうとは限りません。障害が軽快して障害等級に該当しなくなることや、遺族年金を受けていた人が再婚するなど、失権事由に該当し、障害や遺族の年金が受け取れなくなることもありますが、そんな時の最後の頼みは、「終身受給できる老齢の年金」です。

しかし、老齢の年金は、保険料の支払い期間に応じて年金額が決まるため、長期間の保険料納付は、年金額を増やす（又は老齢の年金を受け取る権利を確保する）ための絶対条件です。障害や遺族の年金を受給する場合には、国民年金に加入しなくてもよいとなると、失権後の保障がなくなってしまいます。そのために、障害や遺族年金の受給者も加入者となります。

　ただし、保険料の納付については、障害基礎年金を受給する場合は法定免除となり、保険料の全額が免除されます。また、遺族年金の場合は、申請して承認されれば、免除を受けることができます。

正 解
C

海外在住の人の国民年金の加入は？

Q7 21歳の子供が海外留学をしていますが、国民年金に加入しなければならないのでしょうか？
次のうち正しいものを選んでください。
A 日本国籍のある人は、60歳未満の間は加入しなければならない
B 海外に在住する場合は、国民年金に加入することはできない
C 海外に在住する場合は、国民年金に任意加入することができる

【解 説】
　学生は、国民年金の第1号被保険者です。第1号被保険者は、「国内に住所を有する20歳以上60歳未満の人で、2号、3号以外の人」とされているため、日本国内に住所がある場合は強制加入です。しかし、留学等で海外に住所を移した場合は、任意加入となります。
　万一の障害の保障や老齢基礎年金の満額受給を考えるならば、任意加入をされることをお勧めします。
　任意加入の手続きについては、お住まいの市区町村役場の国民年金の窓口でご相談ください。

正解 **C**

改正情報　任意加入の未納期間が合算対象期間に算入される！

【施行日：平成26年4月1日】

　受給資格期間を確認するときに算入できる期間は、保険料納付済期間と保険料免除期間等と合算対象期間です。3つの期間を合計して25年以上あれば、受給資格があり、定められた年齢になれば、請求により、年金が受給できます。

　合算対象期間は、受給資格の有無を確認するときには算入されますが、老齢基礎年金の年金額には反映されないため、別名「カラ期間」（お金が空っぽであるという意味）と呼ばれています。

　合算対象期間には、「任意加入の対象だったが任意加入をしなかった期間」があります。具体的な例として、次の図にあるように、厚生年金又は共済年金に加入していた人の配偶者であった期間（サラリーマンの配偶者）や、学生の期間、海外在住の期間等があります。

　これらの期間は、任意加入の申出をしなければ、合算対象期間として受給資格には算入されます。しかし、いったん任意加入の申出をして、その後保険料を滞納すると、その期間は未納期間になってしまい、受給資格を満たすことができなくなるケースがありました。

　この点が改正されて、平成26年4月からは、任意加入未納期間が合算対象期間に算入されることとなりました。改正と同時に受給権が発生して平成26年4月1日に受給権が発生するケースも出てきます。（ただし、請求手続きが必要です。）対象者は、大正15年4月2日以後生まれの人です。

　なお、施行日前に亡くなった人が、任意加入未納期間を含めて、25年以上になった場合には、遺族年金の亡くなった人の要件である「受給資格期間を満たした人の死亡」には該当しないため、遺族年金は、支給されません。

◆改正前の合算対象期間

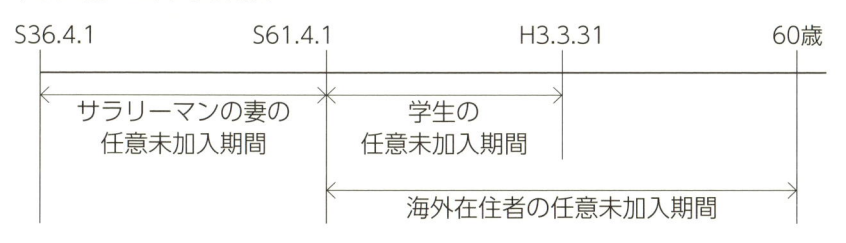

```
S36.4.1        S61.4.1           H3.3.31        60歳
  |←サラリーマンの妻の→|←  学生の   →|
  |   任意未加入期間   |  任意未加入期間 |
                 |←   海外在住者の任意未加入期間   →|
```

⬇ 改正後（H26.4.1以降）

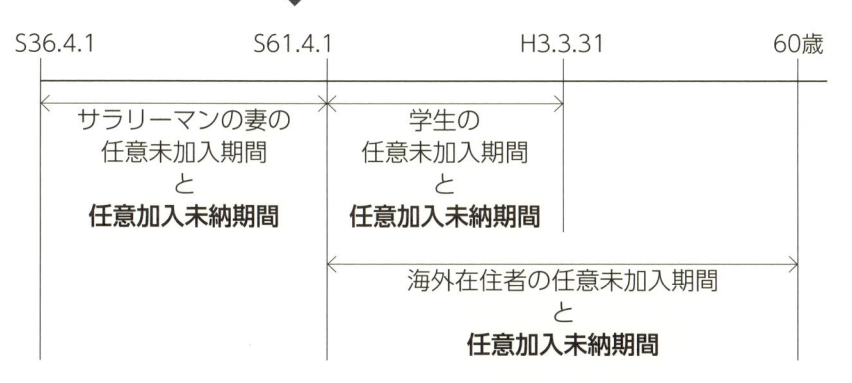

```
S36.4.1        S61.4.1           H3.3.31        60歳
  |←サラリーマンの妻の→|←  学生の   →|
  |   任意未加入期間   |  任意未加入期間 |
  |       と       |      と      |
  |   任意加入未納期間  |  任意加入未納期間 |
                 |←   海外在住者の任意未加入期間   →|
                                    と
                                任意加入未納期間
```

◆改正で新たに受給権が発生する事例

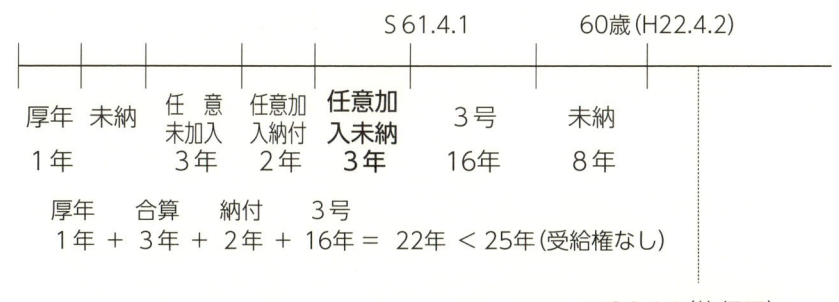

```
                        S61.4.1       60歳（H22.4.2）
                         |              |
|厚年|未納|任意 |任意加|任意加| 3号 |未納 |
|   |   |未加入|入納付|入未納|    |   |
|1年 |   |3年  |2年  |3年  |16年|8年 |
```

厚年　　合算　　納付　　　3号
1年 ＋ 3年 ＋ 2年 ＋ 16年 ＝ 22年 ＜ 25年（受給権なし）

H26.4.1（施行日）

任意加入未納期間は施行日に合算対象期間に算入できる。

厚年　　合算　　納付　**合算**　3号
1年 ＋ 3年 ＋ 2年 ＋ **3年** ＋ 16年 ＞ 25年（受給権あり）

※H26.4.1に受給権が発生する。（H22.4.2（60歳）に遡及しない。）

第2章　公的年金の加入について

夫が定年退職後の妻の国民年金の加入は？

Q8 夫（会社員）は来年60歳の定年を迎え、退職する予定です。私は、55歳で国民年金の第3号被保険者ですが、今までに約30年の加入期間があります。25年の加入期間があれば、受給資格期間を満たしていることとなり、年金が受け取れると聞いています。それでも夫の退職後、60歳まで国民年金に加入しなければならないのでしょうか？
　次のうち正しいものを選んでください。
　A　受給資格期間を満たしていても60歳までは加入しなければならない
　B　受給資格期間を満たしていれば、任意加入になる
　C　受給資格期間を満たしているので、加入の必要はない

【解　説】

　これは、夫がもうすぐ退職するという第3号被保険者の妻から多く寄せられる質問です。

　厚生年金に加入している「サラリーマンの夫」が定年退職を迎えると、「ただの夫」になりますね。それに伴い「第3号被保険者の妻」は、「ただの妻＝第1号被保険者」に変わります。しかし、これがただでは済まない。ただの妻になった途端、毎月15,250円の国民年金の保険料を支払わなければならなくなります。

　さて、受給資格期間とは、年金を受給するために必要な加入期間のことです。原則「年金は25年加入していれば受給できる」ので、30年の加入期間がある人は、受給資格期間を満たしていることになります。そのため、「夫も退職したし、国民年金の保険料はもう納めなくてもよいのではないか」と考える方が多いのです。

しかし、国民年金は60歳までは強制加入です。夫の退職後、妻は第1号被保険者として国民年金に加入しなければなりません。第1号被保険者になると毎月15,250円の保険料を自己負担することになりますが、1年間納付することで、老齢基礎年金が年額で約2万円（19,320円）アップします。

　なお、夫の退職によって保険料の納付が困難な場合は、「退職（失業）による特例免除」の制度がありますので、お住まいの市区町村役場の国民年金の窓口でご相談ください。免除を受けた期間については、2分の1の額の老齢基礎年金が受給できます。

正解 A

わずかな期間でも国民年金に加入しなければならない？

Q9 35歳の男性ですが、転職の際に3か月間空白期間が生じます。この間は、国民年金に加入しなければならないのでしょうか？

次のうち正しいものを選んでください。
A　1年未満の空白期間は、国民年金に加入する必要はない
B　たとえ数か月であっても、国民年金に加入しなければならない
C　次の就職先が決まっていれば任意加入である

【解　説】

日本国内に住んでいる人で、20歳以上60歳未満の厚生年金・共済年金に加入していない人、第3号被保険者でない人は、第1号被保険者として、国民年金に加入する義務があります。滞納するとその分、老齢基礎年金の額が少なくなりますので、たとえ、数カ月でも空白をつくらないようにしましょう。

手続きは、市区町村役場の国民年金担当窓口です。

正解 **B**

5年前の未納期間、今から納付できる？

Q10 現在45歳の女性です。5年前のことですが、国民年金の第1号被保険者だった時に、1年ちょっと未納期間があります。今からこの期間の保険料を納めることはできますか？次のうち正しいものを選んでください。

A 年金の未納期間の保険料をさかのぼって納めることができるのは、2年間だけなので、5年前の期間は納められない

B 10年間は追納できるので、さかのぼって納めることができる

C 平成27年9月末日までの間であれば、後納制度によりさかのぼって10年間納めることができる

【解説】

国民年金の保険料は、納期限（翌月末日）から2年を超えた期間については、時効により納めることができません。しかし、平成24年10月から平成27年9月末までの間であれば、「後納制度」が実施されており、時効により納めることができない保険料について過去10年以内の未納保険料の納付が可能になっています。

後納すれば、老齢基礎年金は増額します。また、65歳を超えている人のうち受給資格期間を満たしていない人は、後納保険料を納めて、受給資格期間を満たした翌月から年金が受給できるようになります。

なお、「追納」とは、免除や納付猶予・納付特例を受けていた期間について、厚生労働大臣の承認を受けて、その承認日の属する月前10年以内の保険料について、全部又は一部を納付することができる制度を言います。

正解 **C**

第2章 公的年金の加入について

| 改正情報 | 平成27年9月末までなら後納制度で、過去10年までの未納期間を納められる？！ |

　「後納」とは、現時点から過去10年までの間に未納期間がある場合、時効により納めることができなくなった未納保険料を納めることができる制度です。平成24年10月から27年9月末日までの3年間限定で実施されています。

　納付することができる期間がある人には、日本年金機構からお知らせが送付されています。お知らせが見当たらない人は、お近くの年金事務所でご相談ください。

　また、日本年金機構のHPにある「年金ネット」を使えば、納めることが可能な保険料額が一覧でき、後納した場合の年金見込額も自動的に試算できます。納付しなかった場合と納付した場合のグラフでの比較も可能です。

　後納制度の利用が可能なのは、次の人です。

①20歳以上60歳未満の人
　➡10年以内に納め忘れの期間や未加入期間のある人
②60歳以上65歳未満の人
　➡①の期間のほか、任意加入中に納め忘れの期間がある人
③65歳以上の人
　➡年金受給資格がなく、①②の期間がある人

※老齢基礎年金受給者（繰り上げ受給者を含みます）は対象から除かれます。
※後納額は、年度が替わるごとに改定され高くなりますので、お早めに納付してください。

厚生年金のみに加入、老齢基礎年金は受け取れる？

Q11 私は、57歳の会社員で、厚生年金に35年加入しています。国民年金に加入したことはありませんが、国民年金から老齢基礎年金を受け取ることはできますか？
次のうち正しいものを選んでください。

A 国民年金には加入していないので老齢基礎年金を受け取ることはできない

B 国民年金には加入していることになっているが、保険料を支払っていないので老齢基礎年金を受け取ることはできない

C 厚生年金に加入していれば、国民年金にも加入していることになり、老齢基礎年金を受け取ることができる

【解 説】

公的年金には、国民年金、厚生年金、共済年金があります。民間会社で働いている人は厚生年金に、公務員や私立学校の職員の人は共済年金に加入します。

厚生年金や共済年金に加入すると、同時に国民年金にも加入することになりますので、35年間厚生年金に加入していれば、国民年金にも35年加入したことになります。

そのため、65歳に到達すると、厚生年金から老齢厚生年金が、国民年金から老齢基礎年金が受け取れることとなります。また、共済年金に加入していた場合は、退職共済年金が受給できます。

正解 C

第2章 公的年金の加入について

改正情報　共済年金が、厚生年金と一元化されて、ひとつになる？！

【施行日：平成27年10月1日】

　平成27年10月から、共済年金（国家公務員共済組合、地方公務員共済組合、私立学校教職員共済）が厚生年金に一元化され、公務員も私学教職員も厚生年金に加入することになります。

　共済年金と厚生年金の制度的な違いは、基本的に厚生年金に揃えて解消されます。ただし、特別支給老齢厚生年金の女性の支給開始年齢等、解消する時期が明らかなものについては、経過措置としてそのまま存続することとなります。また、共済年金の3階部分である職域年金については廃止とし、新たな積立方式の年金制度が創設されます。

　共済年金の組合員であった期間がある場合の加給年金額の加算・停止の要件である20年、遺族年金の中高齢寡婦加算の加算要件である20年等は、厚生年金の被保険者期間と通算して判断することになります。ただし、長期加入者の要件である、44年以上を見るときには、通算されません。これは、長期加入者の特例が近い将来なくなる制度であるためと思われます。

　また、効率的な事務処理を行う観点から、保険料の徴収、被保険者の記録管理、標準報酬月額の決定・改定、保険給付の裁定事務については、引き続き共済年金や私学事業団が行います。

厚生年金には何歳まで加入できる？

Q12 厚生年金は何歳から何歳まで加入できますか？
次のうち正しいものを選んでください。
A 20歳以上60歳未満の間
B 20歳未満であっても就職した時から65歳未満の間
C 20歳未満であっても就職した時から70歳未満の間
D 20歳未満であっても就職した時から働いている限り年齢制限はない

【解　説】

　厚生年金は、民間の事業所に勤める人が加入する制度で、就職した時から退職するまでの間加入し、最長で70歳（正確には69歳11カ月）まで加入可能です。中学卒業後すぐに就職した場合は、20歳未満ですが、厚生年金に加入します。その後70歳まで勤務を継続すると、約55年も加入できることになります。

　ところで70歳まで厚生年金に加入することができるということは、「年金を受け取りながら働く」という状況が生まれます。65歳未満の間は特別支給の老齢厚生年金が、65歳以降は老齢厚生年金が受給できるからです。その場合は、在職老齢年金のしくみにより、年金額の一部又は全部がカット（支給停止）されることもあります。カットの基準は、65歳未満の間は厳しく、65歳以降は緩やかになります。（65歳未満の間の在職老齢年金については、127ページ参照）

正解 **C**

第2章　公的年金の加入について

第2号被保険者は、国民年金に何歳まで加入できる？

Q13 18歳から70歳まで厚生年金に加入した人の国民年金の第2号被保険者としての加入について、次のうち正しいものを選んでください。

A 厚生年金に18歳から70歳まで加入していても、国民年金に加入するのは20歳以上60歳未満の間である

B 厚生年金に18歳から70歳まで加入していても、国民年金に加入するのは18歳（就職時）から65歳未満の間である

C 厚生年金に18歳から70歳まで加入していれば、国民年金に加入するのも18歳（就職時）から70歳未満の間である

【解　説】

民間の会社に就職すると、その日に厚生年金の被保険者資格を取得し、併せて国民年金の第2号被保険者の資格も取得します。

①国民年金の加入開始時期

　厚生年金の加入者は、20歳前でも国民年金に加入する場合があります。例えば、中学卒業後すぐに就職し、厚生年金に加入した場合は、15歳で国民年金にも加入（第2号被保険者）することになります。

②国民年金の加入終了時期

　厚生年金は、最長で69歳11カ月まで加入できますが、国民年金については、原則64歳11カ月までが第2号被保険者です。なぜならば、通常65歳に到達すると、老齢基礎年金の受給者になるからです。

　ただし、65歳到達時点で老齢基礎年金の受給資格（25年以上の加入）期間を満たしていない場合は、例外として満たすまでの間、国民年金の第2号被保険者として扱います。

例えば、42歳まで保険料をずっと滞納していた人が、43歳から70歳

まで厚生年金に加入する場合は、国民年金に第2号被保険者として67歳（42歳＋25年）まで加入することになります。

正解
B

パートでも厚生年金に加入

Q14 働いていても、パートならば、厚生年金に加入しなくてもよいですか？

次のうち正しいものを選んでください。
A　パートであっても働く時間数や日数によっては、加入しなければならない
B　パートであれば、加入しなくてよい
C　本人の希望によって決めることができる

【解 説】

　パートであっても働く時間と日数のいずれもが、正社員の4分の3以上であれば、厚生年金に加入することとなります。逆に働く時間と日数のいずれかが、正社員の4分の3未満であれば、厚生年金に加入できません。

　例えば、正社員の所定労働時間等が、次のような場合を考えてみましょう。

1週間の労働時間が40時間／1カ月の労働日数が20日

・厚生年金に加入できる人は　　➡週30時間以上かつ月15日以上の勤務
・厚生年金に加入できない人は　➡週30時間未満又は、月14日以下の勤務
《例》28時間で20日勤務・40時間で14日勤務ならば厚生年金に加入しない。

　厚生年金の加入は、任意ではなく法律で定められた条件に該当すれば、本人の意思にかかわらず、強制加入となります。もし、加入したくない場合には、働く時間数や日数等で調整することになります。

正解　**A**

改正情報　厚生年金の適用が拡大？！

【施行日：平成28年10月1日】

　平成28年10月から、「短時間労働者への厚生年金の適用拡大」が実施されます。適用条件は次の通りとなります。

　①週20時間以上の勤務
　②月額賃金8万8,000円（年収106万円）以上
　③勤務期間1年以上
　④学生は適用除外
　⑤従業員501人以上の企業
　　（501人は、現行の適用基準で適用となる被保険者数）

　なお、501人未満の企業では、平成28年10月以降も引き続き、現行の適用基準が適用となります。そのため、1週間の所定労働時間又は、1月の所定労働日数のいずれかが、通常労働者の3/4未満の場合は、厚生年金は適用除外となります。

　《例》　通常の労働者の所定労働時間が1日8時間で、所定労働日数が1カ月20日の場合、1日6時間未満あるいは1カ月15日未満で働くと、厚生年金に加入しないことになります。

会社が倒産しても、年金は受け取れる？

Q15 私は52歳の男性です。先月、勤めていた会社が倒産してしまいました。就職してからすぐに厚生年金に加入しましたので、30年の加入期間があります。会社が倒産したら、年金は受け取れなくなるのでしょうか？ 次のうち正しいものを選んでください。

A 国民年金からの老齢基礎年金と厚生年金からの老齢厚生年金は、両方とも受け取ることができない
B 老齢基礎年金は受け取ることができるが、老齢厚生年金は受け取ることができない
C 老齢基礎年金も老齢厚生年金も受け取ることができる

【解 説】

老齢の年金を受け取るためには、国民年金・厚生年金・共済年金の合計加入期間が、25年（300月）以上あることが必要です。

あなたはすでに25年以上厚生年金に加入しているので、年金の受給開始年齢（65歳）になれば、老齢厚生年金を受け取ることができます。また、厚生年金に加入していたので、同時に国民年金にも加入していたことになり、65歳からは、老齢厚生年金に合わせて老齢基礎年金も受け取ることができます。

会社が倒産したということですが、今まであなたが支払った厚生年金の保険料は、毎月翌月末日までに会社からの半額負担を加えて、厚生年金に支払われています。倒産により年金が受け取れなくなることはありませんので、ご安心ください。

また、52歳で退職された場合、引き続き他の会社で厚生年金をかけるのでなければ、国民年金への切替えが必要になります。退職により、経

済的な心配があるようでしたら、保険料免除の申請もできますので、市区町村の窓口で相談してください。

正解
C

厚生年金基金に加入できる？

Q16 厚生年金に基金という制度があり、年金が多くもらえるということです。私は厚生年金には加入していますが、基金には入っていません。希望すれば、私も基金に加入できますか？ 次のうち正しいものを選んでください。

A 厚生年金基金は、会社に基金の制度がある場合には全員加入する

B 厚生年金基金は、会社に基金の制度がある場合は、希望者のみ加入することができる

C 厚生年金基金は、会社に制度があるかないかにかかわらず、希望者は加入することができる

【解 説】

	基金加入のない人	基金加入がある人	
		☆加算部分	基金から支給
		★上乗せ部分	
国から支給	厚生年金	代行部分	
		厚生年金	国から支給
	国民年金(基礎年金)	国民年金(基礎年金)	

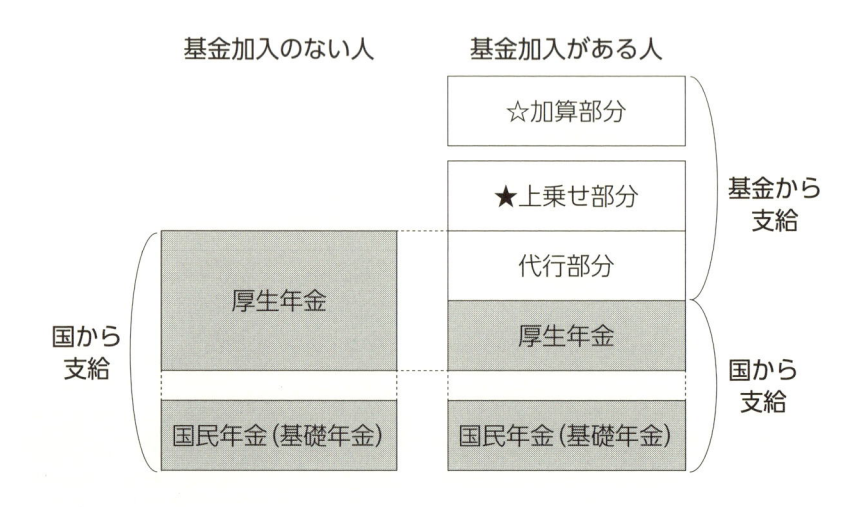

厚生年金基金は、企業年金と言われる制度の一つで、「うちの会社の従業員が豊かな老後を過ごせるように、老齢厚生年金にプラスした年金を基金から支払うことにしたい」と考えた企業が利用している制度です。
　すべての会社が厚生年金基金に加入しているのではないため、基金からの年金がある人とない人があります。会社が厚生年金基金に加入している場合、その会社に勤めている人は、強制的に加入となるため、加入するかどうかを本人が選択することはできません。
　では、基金の加入のある人とない人の給付を比較してみましょう。基金に加入していた人の老齢厚生年金は、国と基金からに分割されて支払われます。基金からの給付を「代行部分」と言いますが、基金は国の年金を単に代行するだけではなく、必ずプラスアルファー（図中「★上乗せ部分」）と共に支給します。
　また、各々の基金は規約によって独自の給付（図中「☆加算部分」）を定めています。結果として「基金から支給」のうち「☆加算部分」と「★上乗せ部分」が基金に加入したために受け取れるプラスアルファーとなります。
　基金に加入していた人は、老齢厚生年金を受け取る年齢になった時に、基金にも年金請求をする必要があります。勤めていた期間が短い（おおむね10年以内）人や会社が加入していた基金が解散している場合は、企業年金連合会に請求することになります。年金の請求は、まず国の年金を請求し、年金証書が届いたら、そのコピーを添付して、基金への請求をします。

正解　A

第2章　公的年金の加入について

第3章　年金の保険料

厚生年金に加入している人の国民年金の保険料は？

Q1 国民年金の保険料は、自営業の人は各自で支払っているようですが、厚生年金や共済年金に加入している人はどのようになっているのですか？
次のうち正しいものを選んでください。
A　厚生年金・共済年金の人も、国民年金保険料として給料から一定額が、源泉徴収されている
B　厚生年金・共済年金の人は、給料から厚生年金の保険料又は、共済年金の掛金が源泉徴収され、その中から国民年金に基礎年金拠出金として拠出されているため、個別負担はない

【解説】

　厚生年金や共済年金に加入している人は、国民年金では「第2号被保険者」として区分されています。しかし、国民年金分の保険料は、各自が個別に負担しているのではありません。

　厚生年金・共済年金の人は、お給料や賞与の額に応じた保険料を事業主と半分ずつ負担しています。そして国民年金の基礎年金を支払うためのお金が、厚生年金や共済組合の加入者とその被扶養配偶者（年収130万円未満の配偶者）の数に応じて、それぞれの制度から基礎年金拠出金として集められます。

　つまり、厚生年金・共済年金の人が納めた保険料の中には、国民年金を支払うための費用が含まれていると考えることができます。しかし、一人一人について、その金額がいくらであるのかを確定することはできません。

正解 B

サラリーマンの妻の国民年金の保険料は、誰が支払っている？

Q2 専業主婦（第3号被保険者）の国民年金保険料は、サラリーマン又は公務員である夫が支払っているのですか？次のうち正しいものを選んでください。

A　夫が支払っている
B　第3号被保険者の保険料は、免除されている
C　厚生年金制度や共済年金制度等、配偶者が加入している年金制度全体で負担している

【解 説】

「妻の国民年金の保険料は、夫が支払っている」と思っている人が非常に多いのですが、これは誤解です。結婚や離婚によって、厚生年金の保険料が多くなったり、少なくなったりすることはありませんね。ということは、第3号被保険者の保険料は、夫が負担しているのではないことがお分かりになるでしょう。

では、誰が負担しているのかというと、配偶者が加入している年金制度です。基礎年金の給付に必要なお金は、「基礎年金拠出金」と言い、厚生年金や各種共済年金が基礎年金勘定に拠出します。その金額は、それぞれの制度に加入している本人（第2号被保険者）と第3号被保険者の人数に応じて算出されます。言い換えれば、第3号被保険者の保険料に相当する額は、厚生年金、各種共済年金の加入者全体で負担していることになります。

第3号被保険者は、個別負担がないため、保険料が「免除されている」と言われることがありますが、これも誤解で、免除されているのではありません。

正解　**C**

第3章　年金の保険料　49

国民年金保険料の割引制度は？

Q3 国民年金の保険料の割引制度はありますか？

A　公的年金なので割引制度はない
B　割引制度が複数ある

【解説】

　国民年金の保険料は、まとめて前払いをしたり、口座振替にすると安くなる制度があります。利用することで、保険料の節約ができます。詳しくは、お住まいの市区町村役場の国民年金の窓口でご相談ください。

◆平成26年度に割り引かれる保険料　　　　　　　　　　（日本年金機構HPより）

納付方法		1カ月分（※1）	6カ月分（※2）	1年分（※3）
通常納付	月々支払	15,250円	91,500円	183,000円
前納	現金支払		90,760円 ▲740円	179,500円 ▲3,250円
	口座振替	15,200円 ▲50円	90,460円 ▲1,040円	179,160円 ▲3,840円

※1．口座振替には1カ月の前納制度（早割）があります。通常の振替日は翌月末ですが当月末の振替にすると、月々の保険料が50円お安くなります。

※2．6カ月分の前納は、4月分から9月分までの保険料を当年4月末までに納め、10月分から翌年3月分までの保険料を当年10月末までに納めます。（口座振替の場合は、それぞれ4月末又は10月末に口座から引落しします。）

※3．1年分の前納は、4月分から翌年3月分までの保険料を当年4月末までに納めます。（口座振替の場合は、4月末に口座から引落しします。）

正解　B

> **改正情報**

「2年前納制度」新設、2年間で1万4,800円の割引！

【平成26年4月分から】

　国民年金は、保険料をまとめて支払うと割引になる前納制度があります。従来は、1カ月前納、6カ月前納、1年前納の制度がありました。口座振替により前納できる期間は最長でも1年、割引額は3,780円（平成25年度での額）でした。そこで少しでも国民年金の保険料を払いやすくすることを目的に、平成26年4月分から2年分を一括で支払うと1万4,800円の割引になる、「2年前納」が導入されました。（ただし口座振替に限り、口座振替時期は、毎年4月末日とされています。また、申込みの締切りは2月28日です。）

　2年分一括となると35万円を超える金額を用意しなければなりませんが、預貯金で置いておくことを考えれば、割引金額が大きく増えた2年前納にはお得感があります。また、2年前納の保険料全額が、当年中の社会保険料控除対象となりますので、所得が多い年等にまとめて支払うと、税金面でも有利になります。

　なお、残高不足等で口座振替ができなかった場合には、翌年の3月までの間、自動的に口座振替による毎月納付となります。

　また、2年前納期間中に60歳に到達する場合や任意加入等で、期間満了（例えば保険料納付済月数が480月となる等）による資格喪失予定日が確定している場合の前納期間は、資格喪失予定日の前月までとなります。

第3章　年金の保険料

国民年金保険料の免除・猶予等は？

Q4 国民年金の第1号被保険者が保険料を納めることが困難な場合について、次のうち正しいものを選んでください。

- A 保険料の納付が困難な学生は、学生の納付特例制度により、20歳に到達したら自動的に保険料の納付が猶予される
- B 保険料の支払いが困難な人は、保険料免除の申請をすることができる。認められれば、本人の希望により、保険料の全部、又は一部の支払いの免除を受けることができる
- C 保険料の納付が困難な30歳未満の若年者は、若年者の納付猶予を申請することができ、認められれば保険料の納付が猶予される。ただし、世帯主の前年所得が一定額以上ある場合は猶予されない
- D 失業等により保険料の納付が困難な場合であっても、前年の所得が免除基準を超えていたら、保険料は免除されない
- E 配偶者の暴力（DV）によって住居を別にしている場合で、保険料納付が困難な場合は、本人（DV被害者）が申請して認められれば、保険料が免除になる

【解 説】

正解はEですが、ではA〜Dは何が誤っているのでしょう。

A　学生納付特例制度

学生の納付特例制度は、自動的に保険料の納付が猶予される訳ではなく、本人の申請手続きが必要です。申請先は、住民登録している市区町村役場又は在学する大学等の窓口です。

なお、学生本人の所得がアルバイト等により高額な場合は、学生納付特例制度は受けられないため、国民年金の保険料を納付しなければなりません。

B　申請免除

申請免除は、本人の所得が低額でも、世帯主や配偶者の所得が一定額以上ある場合は認められません。

また、申請免除が認められても、本人の希望で免除区分（全額免除、3/4免除、半額免除、1/4免除）が決まる訳ではなく、本人及び世帯主や配偶者の前年所得により免除区分が決められます。

C　若年者納付猶予

30歳未満の国民年金の第1号被保険者が、本人及び配偶者の前年所得が一定額以下の場合は、申請に基づき保険料の納付が猶予されます。若年者納付猶予制度の特徴は、世帯主の所得が一切問われない点です。

D　失業等による特例免除

免除の可否は、前年の所得を基準に判定しますが、失業により保険料の納付が困難な場合や震災・風水害等の被災者は例外で、前年の所得が免除基準を超えていても保険料の免除が認められます。

なお、失業により免除を申請する場合は、「雇用保険受給資格者証」（ハローワークで求職の申込みを行うと交付されます。）や、「雇用保険被保険者離職票」（前勤務先が発行します。）の写しを添付し、失業中であることの確認を受けなければなりません。

E　DV被害（配偶者の暴力）による特例免除

国民年金の保険料は、本人はもちろんのこと、配偶者や世帯主にも納付の義務が課せられているため、本人の所得が低額でも、配偶者や世帯主に一定額以上の所得があると免除は認められません。

しかし、配偶者の暴力（DV）から逃れるために、その配偶者と別居（住民票上は同居のまま）している人が、経済的に保険料の納付が困難な場合は、本人からの申請が認められれば保険料は免除されます。
　初回申請の場合は、婦人相談所及び配偶者暴力相談支援センター等の公的機関が発行する証明書（配偶者からの暴力の被害者の保護に関する証明書）の添付が必要です。詳しくは、お近くの年金事務所にご相談ください。

◆保険料の免除や納付猶予の承認可能期間　　　　　　　（出典：日本年金機構）

保険料免除・納付猶予の申請期間	保険料免除・納付猶予の承認可能期間
当年1月から当年6月までに申請	前年7月～当年6月が承認可能期間（申請期間：当年1月～6月）
当年7月に申請	当年7月～翌年6月が承認可能期間／前年7月～当年6月が承認可能期間（申請期間：当年7月）
当年8月から当年12月までに申請	当年7月～翌年6月が承認可能期間（申請期間：当年8月～12月）

※学生納付特例の承認可能期間は、4月から翌年3月までとなっています。

正解　E

改正情報 学生納付特例の届出が遅れても、
2年の時効の範囲まで認められる

【施行日：平成26年4月1日】

　従来は、国民年金の免除の申請が遅れた場合、直近の7月（学生納付特例は直前の4月）までさかのぼって認められていました。

　平成26年4月1日からは、保険料の遡り納付が可能である過去2年以内の期間であれば、さかのぼって免除が認められることになります。なお、当然ですが、免除基準に該当する場合に限ります。

①現行の免除の遡及期間（申請免除、若年者納付猶予）
　申請のあった月の直前の7月（7月に申請する場合は前年7月）まで遡及が可能。

```
              H24.7         24.12          25.6
  ─ ─ ─ ┃━━━━━━━━━━━━━━━━━━━━━━━━┃
              │      免除承認期間       │
                         △
                        申請月
```

②改正後の免除の遡及期間
　保険料の徴収権が時効消滅していない過去2年分の保険料及び次の6月までの将来分の保険料について、申請免除等の対象となる。

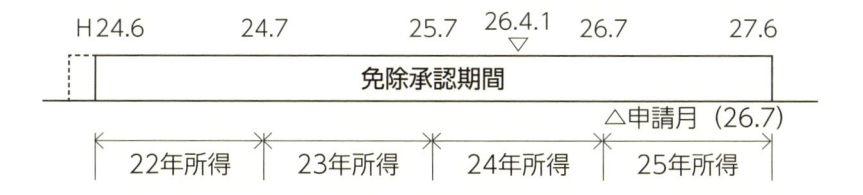

```
  H24.6   24.7      25.7   26.4.1   26.7         27.6
 ─┃━━━━━━━━━━━━━━━━━━━▽━━━━━━━━━━━━┃
     │         免除承認期間                 │
                              △申請月（26.7）
  │←22年所得→│←23年所得→│←24年所得→│←25年所得→│
```

第3章　年金の保険料　55

国民年金保険料の猶予等のメリットは？

Q5 学生の納付特例や若年者の納付猶予等の手続きをしても、しなくても、保険料を納めないという状態は、同じですよね。手続きをしておくことで何か有利なことがあるのでしょうか？

次のうち正しいものを選んでください。
A 手続きをしておけば、保険料を納めなくても、納めたことになって老齢基礎年金の額も減額にならない
B 手続きをしておけば、その期間について1/2に相当する老齢基礎年金が受給できる
C 手続きをしておけば、障害や遺族の年金の保険料納付要件を確認するときに保険料を納めた期間として取り扱われる

【解説】

学生の納付特例や若年者の納付猶予等の手続き（以下「手続き」と記載します）をしても、しなくても、保険料を納めないという状態は同じように思えますが、実は大きな違いがあります。

手続きをせずに保険料を支払わない場合は滞納期間となります。障害を負った場合の障害基礎年金や、亡くなった場合の遺族基礎年金などの給付は、きちんと保険料を支払っていないと受けることができません。しかし手続きをしておけば、保険料の支払い状況を確認する上では、納めた期間と同様に取り扱われます。

また滞納期間は、老齢基礎年金の年金額と受給資格期間のいずれにも算入できません。しかし、手続きをすれば、年金額には反映しませんが、老齢基礎年金を受け取るために必要な期間には算入されます。

更に、年金額を減らさないようにするために、大学等を卒業後、本人

が就職してから、保険料をさかのぼって支払うこと（追納）ができます。追納することができるのは、追納の承認を受けた月前10年以内の期間となります。しかし、滞納の場合は、2年以内に納付しなければ、時効により保険料を納めることができなくなってしまいます。手続きをしておけば、納付できる期間が長くなります。

　なお、学生の納付特例等を受けている期間中に、障害や死亡にみまわれたときは、障害基礎年金又は遺族基礎年金は、全額支払われます。

正解
C

付加年金と付加保険料について

Q6 老齢基礎年金にプラスされる付加年金と付加保険料について、次のうち正しいものを選んでください。
A　付加保険料は、国民年金の本体の保険料を全額納めた月しか納めることはできない
B　付加保険料は、第1号被保険者、第3号被保険者と任意加入被保険者が納付できる
C　付加年金は、老齢基礎年金と同様に物価スライドする

【解説】

　老齢基礎年金は40年間保険料を納めても、772,800円／年額（平成26年度価額）しか受け取れません。月額に換算すると64,400円で、老齢基礎年金だけで老後の生活を維持するには、かなり厳しい額だと言えます。

　そこで、国民年金に老齢基礎年金の上乗せ給付として、「付加年金」が設けられています。国民年金の保険料と一緒に「付加保険料」を納付すれば、付加年金を受け取ることができます。金額的には、大きな額ではありませんが、2年の受給で支払った保険料が戻ること、保険料が低額で掛けやすいので、ご紹介したいと思います。

(1) 付加保険料
①納付できる人は？
・国民年金の第1号被保険者
・65歳未満の国民年金の任意加入被保険者
　ただし、国民年金基金に加入している場合は、付加保険料を納付できません。また、国民年金の本体の保険料を全額納めた月に限り、付加保険料を納めることができることになっています。そのため、保険

料の免除や納付猶予を受けている人は、付加保険料を納付することができません。また、保険料の個別負担をしていない国民年金の第2号被保険者・第3号被保険者も付加保険料の納付はできません。

②保険料
- 月額400円
- 国民年金の保険料と一緒に、付加保険料もまとめて前払い（前納）すると割引があります。

③手続き先
- 住民登録している市区町村役場又は年金事務所

(2) 付加年金

付加年金は、老齢基礎年金と一緒に受給できます。老齢基礎年金は原則、65歳からの支給ですので、付加年金も65歳から受け取ることになります。

①年金額
- 付加年金は、他の年金のような物価スライド（物価の上昇や下落に対応して、年金額を調整する制度）はありません。
- 付加年金額＝200円×付加保険料を納付した月数

②付加年金のメリット
- 少ない保険料（月額400円）で納めやすく、とてもお得（2年で支払った保険料が回収可能）です。

《例》付加保険料を10年間（120月）納めた場合
　　支払った保険料　⇒　48,000円（400円×120月）／年額
　　付加年金額　　　⇒　24,000円（200円×120月）／年額
　　※毎年24,000円の付加年金を受給すると、2年で元が取れ、3年目以降は支払った保険料を超える額を終身受け取ることができます。

③老齢基礎年金を繰上げ又は繰下げたら？
- 老齢基礎年金は65歳からの受給が原則ですが、希望すれば、受け取る時期を早めたり（繰上げ受給）、遅らせたり（繰下げ受給）するこ

とができます。
- 老齢基礎年金を60歳から受け取ると付加年金も60歳から受け取らねばならず、老齢基礎年金と同様に終身30％が減額されます。
- 老齢基礎年金の受給を5年遅らせ70歳から受け取ると付加年金も70歳から支給され、老齢基礎年金と同様に終身42％が増額されます。

正解 A

改正情報 付加保険料もさかのぼって2年分納付可能に！
【施行日：平成26年4月1日】

　付加年金は、国民年金の上乗せ制度で、任意加入となっています。そのため、付加年金の付加保険料は、通常の保険料納付の2年の時効と異なり、翌月末日が過ぎて納めていない場合、納付を辞退したものとみなされ、その後は納めることができませんでした。再度保険料を納付する場合は、また新たに申し出をする必要がありました。

　平成26年4月からは、辞退したとみなすしくみを改め、国民年金の本体保険料と同様、2年間はさかのぼって納めることができるようになりました。

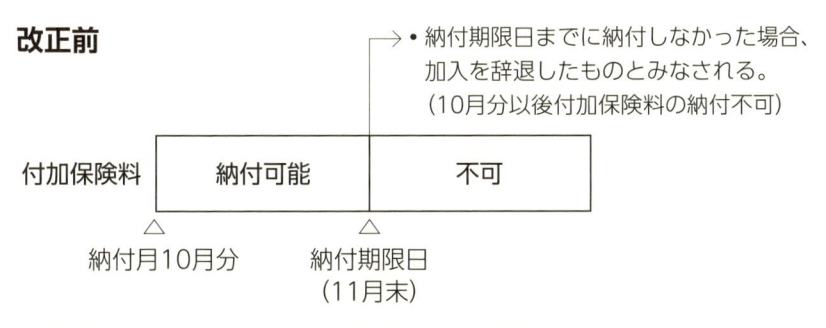

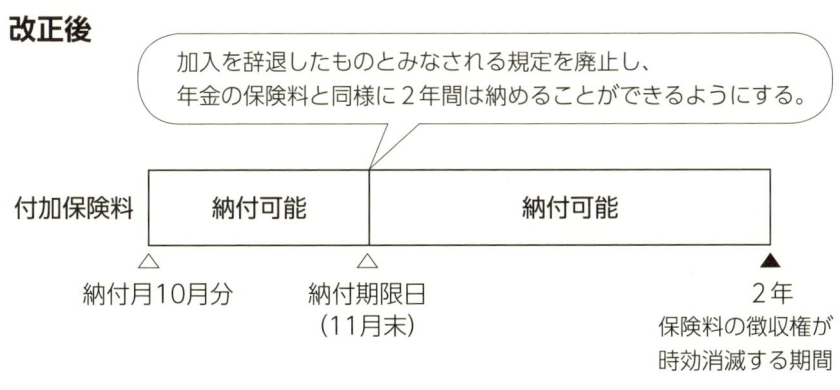

改正前

→ ・納付期限日までに納付しなかった場合、加入を辞退したものとみなされる。
（10月分以後付加保険料の納付不可）

| 付加保険料 | 納付可能 | 不可 |

△ 納付月10月分　△ 納付期限日（11月末）

改正後

加入を辞退したものとみなされる規定を廃止し、年金の保険料と同様に2年間は納めることができるようにする。

| 付加保険料 | 納付可能 | 納付可能 |

△ 納付月10月分　△ 納付期限日（11月末）　▲ 2年 保険料の徴収権が時効消滅する期間

第3章　年金の保険料

厚生年金の保険料の計算は？

Q7 厚生年金の保険料の計算方法は、どのようになっていますか？
次のうち正しいものを選んでください。
A　給料・賞与に一定率をかけた額を事業主と本人で折半負担する
B　標準報酬月額・標準賞与額に一定率をかけた額を事業主と本人で折半負担する
C　月額15,250円の定額となっている

【解　説】

　厚生年金の保険料は、標準報酬月額（基本給や残業代、各種手当などを含めたものの目安の額）と標準賞与額（実際に支払われた額から1,000円未満を切り捨てたもので1回の支払につき150万円を上限とする）に一定の保険料率をかけて計算します。こうして計算した金額を会社と従業員本人が半分ずつ負担して支払っています。

　保険料率は毎年9月に引き上げられることになっており、一般の会社員の場合、今後は以下のように保険料率が変更されます。

改定時期	保険料率
～平成26年8月	1000分の171.20
平成26年9月～	1000分の174.74
平成27年9月～	1000分の178.28
平成28年9月～	1000分の181.82
平成29年9月以降は右の保険料率で固定	1000分の183.00

正解　B

報酬の範囲は？

Q8 厚生年金の保険料の計算をする場合に、通勤手当は計算の対象となりますか？
次のうち正しいものを選んでください。
A 通勤手当は除外して計算される
B 通勤手当は一定額を超えた分だけ保険料の対象となる
C 通勤手当は全額保険料の対象となる

【解 説】
　厚生年金の保険料は、「標準報酬月額×17.12％」の額を会社と本人が折半負担することになっています。標準報酬月額は、4月、5月、6月の給料の平均値（報酬月額という）を標準報酬月額等級表（次頁参照）に当てはめて、決定します。
　標準報酬月額の対象となる給料には、基本給の他に通勤手当、残業手当、住宅手当、家族手当、皆勤手当等の諸手当がすべて含まれます。
　一方、対象となる給料に含まれないものは、年3回以下の賞与等、臨時に支給される慶弔見舞金、交際費、退職金、解雇予告手当等です。なお、賞与からは、同じ保険料率で計算された保険料が徴収されます。

正解 C

◆標準報酬月額等級表　　（厚生年金保険料については平成26年8月まで）

標準報酬 等級	月額	日額	報酬月額 円以上		円未満	一般（厚生年金基金加入員を除く） 全額 17.120%	折半額 8.56%
1	98,000	3,270		～	101,000	16,777.60	8,388.80
2	104,000	3,470	101,000	～	107,000	17,804.80	8,902.40
3	110,000	3,670	107,000	～	114,000	18,832.00	9,416.00
4	118,000	3,930	114,000	～	122,000	20,201.60	10,100.80
5	126,000	4,200	122,000	～	130,000	21,571.20	10,785.60
6	134,000	4,470	130,000	～	138,000	22,940.80	11,470.40
7	142,000	4,730	138,000	～	146,000	24,310.40	12,155.20
8	150,000	5,000	146,000	～	155,000	25,680.00	12,840.00
9	160,000	5,330	155,000	～	165,000	27,392.00	13,696.00
10	170,000	5,670	165,000	～	175,000	29,104.00	14,552.00
11	180,000	6,000	175,000	～	185,000	30,816.00	15,408.00
12	190,000	6,330	185,000	～	195,000	32,528.00	16,264.00
13	200,000	6,670	195,000	～	210,000	34,240.00	17,120.00
14	220,000	7,330	210,000	～	230,000	37,664.00	18,832.00
15	240,000	8,000	230,000	～	250,000	41,088.00	20,544.00
16	260,000	8,670	250,000	～	270,000	44,512.00	22,256.00
17	280,000	9,330	270,000	～	290,000	47,936.00	23,968.00
18	300,000	10,000	290,000	～	310,000	51,360.00	25,680.00
19	320,000	10,670	310,000	～	330,000	54,784.00	27,392.00
20	340,000	11,330	330,000	～	350,000	58,208.00	29,104.00
21	360,000	12,000	350,000	～	370,000	61,632.00	30,816.00
22	380,000	12,670	370,000	～	395,000	65,056.00	32,528.00
23	410,000	13,670	395,000	～	425,000	70,192.00	35,096.00
24	440,000	14,670	425,000	～	455,000	75,328.00	37,664.00
25	470,000	15,670	455,000	～	485,000	80,464.00	40,232.00
26	500,000	16,670	485,000	～	515,000	85,600.00	42,800.00
27	530,000	17,670	515,000	～	545,000	90,736.00	45,368.00
28	560,000	18,670	545,000	～	575,000	95,872.00	47,936.00
29	590,000	19,670	575,000	～	605,000	101,008.00	50,504.00
30	620,000	20,670	605,000	～		106,144.00	53,072.00

産前・産後の厚生年金の保険料は？

Q9 厚生年金に加入していますが、半年後に出産します。産前・産後の休業中や育児休業中の給料は出ませんが、厚生年金の保険料はどうなりますか？
次のうち正しいものを選んでください。

A 産前・産後の休業中と育児休業中でも、厚生年金の保険料は、本人分と事業主分共に免除されない

B 産前・産後の休業中の保険料は免除されないが、育児休業中は、本人・事業主分共に免除される

C 産前・産後の休業中の保険料は免除されるが、育児休業中は免除されない

D 産前・産後の休業中と育児休業中でも、厚生年金の保険料は、本人分と事業主分共に免除される

【解 説】

出産・育児についての休業には、2つあります。まず、「産前産後休業」（以下、産休という）で、産前6週間（双子以上の場合14週間）から産後8週間の間に会社を休んだ期間です。次に「育児休業」で、次の3つのケースが該当します。

- 1歳に満たない子を養育するための育児休業
- 保育所待機等特別な事情がある場合の1歳6カ月に達するまでの育児休業
- 1歳から3歳に達するまでの子を養育するための育児休業の制度に準ずる措置による休業

第3章 年金の保険料 65

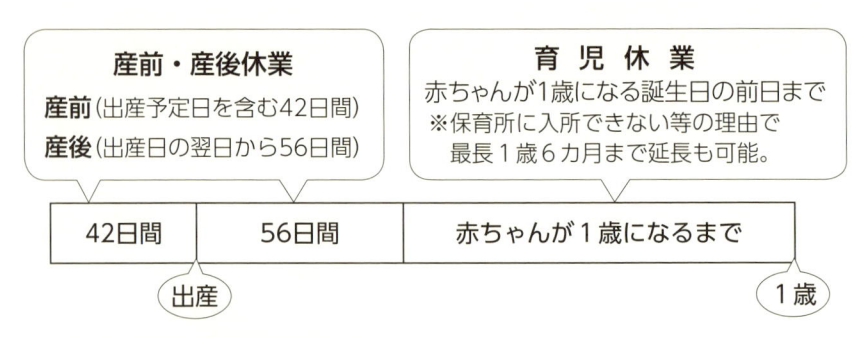

```
┌─────────────────────┐  ┌─────────────────────────┐
│   産前・産後休業       │  │      育 児 休 業          │
│ 産前(出産予定日を含む42日間)│  │ 赤ちゃんが1歳になる誕生日の前日まで │
│ 産後(出産日の翌日から56日間)│  │ ※保育所に入所できない等の理由で  │
│                     │  │   最長1歳6カ月まで延長も可能。   │
└──────┬──────┬───────┘  └─────────────┬───────────┘
       │      │                        │
   ┌───┴──┬───┴────┬──────────────────┴──┐
   │42日間│ 56日間 │  赤ちゃんが1歳になるまで  │
   └──────┴────┬───┴─────────────────────┬┘
              出産                      1歳
```

(1) 厚生年金の保険料免除

　これまでも、厚生年金の被保険者が育児・介護休業法に基づく育児休業制度を利用する場合（3歳未満の子を養育する場合）については、事業主と被保険者負担分の保険料が、事業主の申し出により免除されていました。

　しかし、産休中は、本人・事業主ともに厚生年金の保険料を支払わなければならなかったため、産休中の人にとっては、経済的な負担となっていました。

　そこで、子育てしながら仕事を続けていく人を支援するため、平成26年4月から、育児休業期間に加え、産休中も厚生年金の保険料が本人・事業主分ともに免除されることになりました。

◆現行と改正後の保険料負担のイメージ

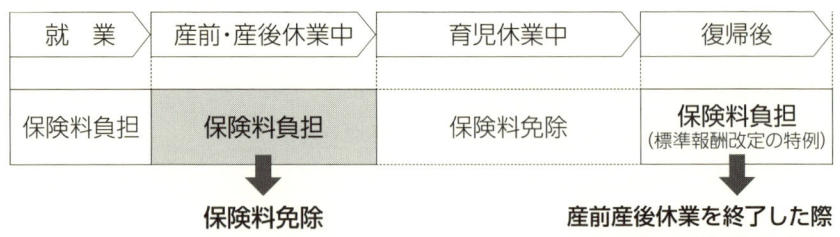

就　業	産前・産後休業中	育児休業中	復帰後
保険料負担	保険料負担	保険料免除	保険料負担 (標準報酬改定の特例)

　　　　　　　↓　　　　　　　　　　　　　↓
　　　　　保険料免除　　　　　　　産前産後休業を終了した際
　　　　　　　　　　　　　　　　　にも同様の標準報酬の改定

　なお、厚生年金の保険料は免除になっていますが、厚生年金の加入記録の上では、産休に入る前の給料の水準で、保険料を払い続けている扱いとなっています。これは、将来、年金額を計算する上で不利にならな

いように考慮されているものです。期間中の各月の標準報酬月額が養育開始月の前月の標準報酬月額を下回る場合、被保険者は「厚生年金保険養育期間標準報酬月額特例申出書」を事業主に提出し、事業主はそれを年金事務所に提出することにより、従前の標準報酬月額にて年金額を計算する特例措置が受けられます。

(2) 標準報酬月額の改定

厚生年金の保険料免除に加えて、育児休業を終了した際の標準報酬の改定が、産休を終了した際にも行われることになりました。

これは、産休終了後に育児等を理由に、報酬が低下する場合があり、定時決定までの期間の保険料負担が、改定前のものとなるため、実際より高い保険料負担となることがあります。そこで、定時決定を待たずに、産休終了後の3カ月の報酬月額をもとに標準報酬月額を改定するというものです。

◆産休終了後すぐに復帰する場合

```
                産前産後休業終了                    子が3歳到達
         ┌──────────────┐                              │
         │ 産前産後休業中 │                              │
         └──────────────┘
         ← 保険料免除 →  ← 保険料負担
                         ▽ 標準報酬改定の特例
                           (休業時点の標準報酬月額と1等級以上の差が生じた場合、
                            標準報酬月額を改定する。)
```

◆産休終了後育児休業をとり、その後復帰する場合

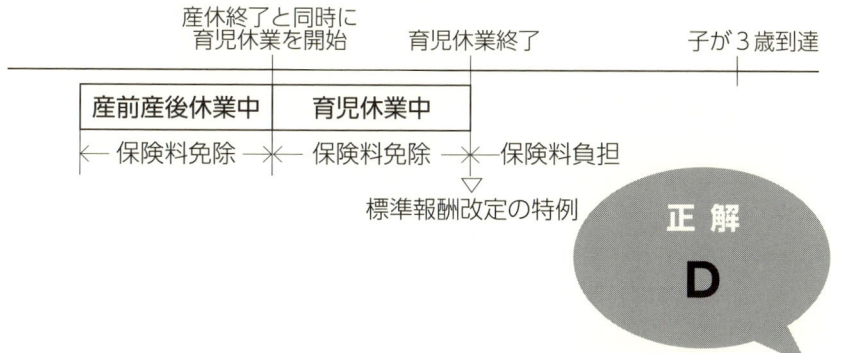

```
              産休終了と同時に
              育児休業を開始    育児休業終了         子が3歳到達
         ┌──────────┬──────────┐
         │産前産後休業中│ 育児休業中 │
         └──────────┴──────────┘
         ← 保険料免除 →← 保険料免除 →← 保険料負担
                         ▽
                         標準報酬改定の特例
```

正解
D

退職月の厚生年金の保険料は？

Q10 今月の26日に退職する予定です。今月は、厚生年金の保険料を払う必要がありますか？
次のうち正しいものを選んでください。
A　1日から26日までの日割り計算で、厚生年金の保険料を負担する
B　今月分として1カ月分支払う
C　今月分は負担しなくてよい

【解説】
　被保険者期間は、月単位で計算します。被保険者の資格を取得した月から、資格を喪失した月の前月までを被保険者期間として算入し、被保険者期間の計算の基礎となった各月に対して保険料が賦課されます。
　資格を取得した日が月末日であっても、その月は1カ月とします。また、資格を喪失した日とは、退職日の翌日を指し、資格を喪失した日が月末日であっても、その月は被保険者期間には算入されません。退職日が月末日の場合は、喪失日が翌月となるため、退職月は被保険者期間に算入されます。

《例》
◇4/30に入社し、6/30に退職
　⇒喪失日の前月である6月までの3カ月が被保険者期間

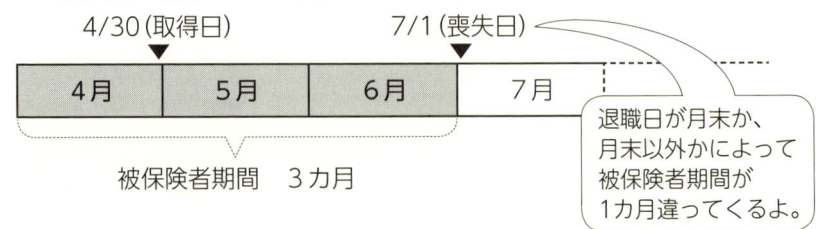

4月	5月	6月	7月

4/30（取得日）　　　7/1（喪失日）

被保険者期間　3カ月

退職日が月末か、月末以外かによって被保険者期間が1カ月違ってくるよ。

68

◇4/1に入社し、6/29に退職
　⇒喪失日の前月である5月までの2カ月が被保険者期間

4/1(取得日)　　　　　　　　6/30(喪失日)

| 4月 | 5月 | 6月 | 7月 |

被保険者期間　2カ月

この場合、資格喪失月の保険料は給与からは徴収されないよ。

正解
C

第3章　年金の保険料　69

第4章　老齢年金について

老齢の年金の受給要件は？

Q1 老齢の年金を受け取るための条件で、次のうち正しいものを選んでください。
A 保険料を納めた期間等が20年以上あり、受給開始年齢に到達していること
B 保険料を納めた期間等が25年以上あり、受給開始年齢に到達していること
C 保険料を納めた期間等が40年以上あり、受給開始年齢に到達していること

【解説】

保険料を納めた期間等（保険料の免除や猶予が認められた期間等も含みます。）が25年以上あり、受給開始年齢に到達していることが、老齢の年金を受け取るための条件です。

受給開始年齢は、次のようになっています。

①国民年金の場合
- 老齢基礎年金の受給開始年齢は65歳です。
- ただし、希望すれば60歳から1カ月刻みで、受け取る時期を繰り上げることも可能ですが、年金額は終身減額されます。
- また、66歳以後に繰り下げることも可能で、年金額は終身増額されます。

②厚生年金の場合
- 老齢厚生年金の受給開始年齢は65歳です。
- 現在は65歳支給に向けて段階的に移行中のため、65歳前から支給される生年月日の人もいます。

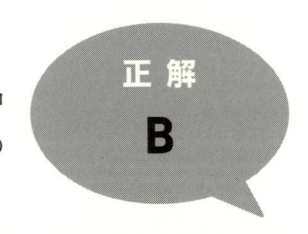

正解 **B**

改正情報

老齢の年金の受給資格期間が 25年以上から10年以上に短縮される？

【施行日：平成27年10月1日】

　現在は老齢退職の年金の受給資格期間を満たすには、原則25年以上の加入期間が必要ですが、平成27年10月からは、10年以上の加入期間があれば老齢の年金が受給できる予定です。

　ただし、加入期間が10年以上に短縮されるためには、「消費税が10％に引き上げられた場合」という条件付きです。そのため、消費税10％引き上げの実施時期が予定よりも遅れると、それに連動して加入期間10年以上という改正も遅れることになります。

　この改正の対象となる年金は、老齢基礎年金、老齢厚生年金、退職共済年金、旧法の老齢年金、退職年金と寡婦年金です。

　なお、遺族年金の死亡者の要件の「受給資格期間を満たした者の死亡」「老齢年金の受給権者の死亡」についても、10年の期間短縮が適用されます。施行されれば、現在は25年に満たないために年金が受給できない人も、施行日以後は老齢の年金が受け取れることになります。ただし、改正により、新たに老齢の年金が受給できる人の年金額は、加入期間が短いためにかなり低額になると予想されます。その点を考慮して、受給資格が得られる10年の加入年数にとらわれず、満額受給を目指して、出来る限り長い期間加入し、しっかりと保険料を納めておくことが重要と言えます。

第4章　老齢年金について

受給資格期間に入る期間は？

Q2 受給資格期間の25年に算入される期間はどれですか？ 次のうち正しいものを選んでください。
A 国民年金の保険料を納めた期間
B 国民年金の保険料免除期間
C 学生の納付特例期間
D 若年者の納付猶予期間
E 合算対象期間
F 保険料滞納期間

【解 説】

受給資格期間を確認する際には、Fの保険料滞納期間以外は、すべて算入することができます。では、それぞれの期間について確認していきましょう。

①国民年金の保険料を納めた期間
- 第1号被保険者においては、実際に保険料を納めた期間のことです。
- 第2号被保険者（厚生年金加入者等）においては、20歳以上60歳未満の期間が、国民年金の保険料を納めた期間となります。
- 第3号被保険者であった期間のすべてが保険料を納めた期間となります。
- 任意加入をして保険料を納めた期間

②国民年金の保険料免除期間
- 保険料免除は、国民年金の第1号被保険者だけが対象で、本人の申請に基づき免除が認められた期間のことです。
- 過去10年以内の免除期間については、後日保険料を納める（追

納）ことが可能で、追納すれば老齢基礎年金の額を増やすことができます。

③学生の納付特例期間

　学生の納付特例は、国民年金の第1号被保険者である学生だけに認められる期間で、追納ができます。第2・3号被保険者の学生には、納付特例は適用されません。

④若年者の納付猶予期間

　若年者の納付猶予は、国民年金の第1号被保険者で、30歳未満の低所得者だけに認められる期間です。本人の前年所得（配偶者がいる場合は配偶者の所得も含みます。）が一定額以下の場合は、申請に基づき猶予されます。追納ができます。

⑤合算対象期間

- 老齢の合算対象期間とは、国民年金に「任意加入のために加入しなかった」、「適用除外のために加入出来なかった」等の期間です。受給資格期間に反映しますが、老齢基礎年金の額には反映しません。
- 障害及び遺族基礎年金の受給資格の保険料納付要件の判定においては、合算対象期間は除いて判定するので、判定の際に合算対象期間があることで、不利になることはありません。
- 第2号被保険者においては、厚生年金加入期間の内、20歳未満及び60歳以上の期間を合算対象期間としています。
- 合算対象期間については、追納することはできません。老齢基礎年金の額を増やす等のご希望がある場合は、65歳までの間であれば、国民年金に任意加入することができます。

⑥保険料滞納期間

- 受給資格期間、障害及び遺族基礎年金の受給資格、老齢基礎年金の額のすべてにおいて反映しません。
- 第1号被保険者と任意加入被保険者は、本人が直接保険料を納付するしくみのため、保険料の滞納が発生しやすくなります。
- 第2号被保険者は、厚生年金保険料を給料等から徴収し、勤務先

が納付するしくみのため、保険料の滞納はありません。
- 第3号被保険者は、もともと個人が保険料を支払うしくみがないため、第2号被保険者の被扶養配偶者（年収130万円未満）としての届出がされている限り、滞納はありません。

下表は、AからFの期間を次の4つのポイントでまとめたものです。

W：受給資格期間25年の確認の際に算入できるか？
X：遺族・障害の年金の保険料納付要件の確認の際に算入できるか？
Y：老齢基礎年金の額の計算に反映するか？
Z：追納することができるか？

	W：25年	X：遺・障	Y：老基額	Z：追納
A 納付済	○	○	○	×
B 免除	○	○	▲	○
C 学生特例	○	○	×	○
D 若年者	○	○	×	○
E 合算対象	○	×（注）	×	×
F 滞納期間	×	×	×	×

▲免除期間の老齢基礎年金への反映
- 老齢基礎年金の額においては、免除区分（全額免除、3/4免除、半額免除、1/4免除）に応じて一定額が反映します。

（注）算入されないが、受給資格の判定においては、合算対象期間を除いて判定する。

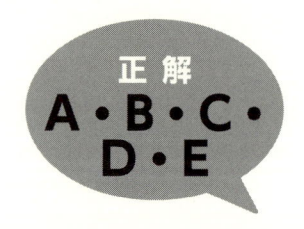

正解　A・B・C・D・E

老齢基礎年金の支給開始年齢は？

Q3 国民年金の老齢基礎年金は、何歳から受け取ることができますか？ 次のうち正しいものを選んでください。
A 老齢基礎年金は、65歳で受け取らなければならない
B 老齢基礎年金は、受給資格期間を満たしていれば、60歳以後70歳に到達する時点までの希望する時期から受け取ることができる

【解 説】
　老齢基礎年金は65歳に到達した月に受給権（年金を受け取る権利）が発生し、翌月分から支払いが開始されます。つまり、65歳から受給するのが原則です。
　しかし、60歳時点で受給資格を満たしている人は、繰上げ請求をすることができます。繰上げ請求をすると、ひと月繰上げるごとに、0.5％の割合で年金額が減額されます。例えば、60歳で繰上げ請求をすると、0.5％×60月＝30％の減額となりますので、受給率は70％となり、この率は終身続きます。繰上げ請求は、ひと月ごとに受給率が決まっていて、下記のようになります。

◆繰上げ受給率

	0カ月	1カ月	2カ月	3カ月	4カ月	5カ月	6カ月	7カ月	8カ月	9カ月	10カ月	11カ月
60歳	70.0	70.5	71.0	71.5	72.0	72.5	73.0	73.5	74.0	74.5	75.0	75.5
61歳	76.0	76.5	77.0	77.5	78.0	78.5	79.0	79.5	80.0	80.5	81.0	81.5
62歳	82.0	82.5	83.0	83.5	84.0	84.5	85.0	85.5	86.0	86.5	87.0	87.5
63歳	88.0	88.5	89.0	89.5	90.0	90.5	91.0	91.5	92.0	92.5	93.0	93.5
64歳	94.0	94.5	95.0	95.5	96.0	96.5	97.0	97.5	98.0	98.5	99.0	99.5

第4章　老齢年金について

また、老齢基礎年金は、66歳以降に繰り下げて受給することもできます。ひと月繰り下げるごとに、0.7%の割合で増額されます。最大70歳まで繰り下げることができます。70歳で繰下げ請求をすると、0.7%×60月＝42%の増額となりますので、受給率は142%となり、この率は終身続きます。繰下げ請求は、66歳以降ひと月ごとに受給率が決まっていて、下記のようになります。なお、65歳1カ月から11カ月までの間は、繰下げ請求はできません。66歳以降の請求となります。

◆繰下げ受給率

	0カ月	1カ月	2カ月	3カ月	4カ月	5カ月	6カ月	7カ月	8カ月	9カ月	10カ月	11カ月
65歳	100.0	100.0	100.0	100.0	100.0	100.0	100.0	100.0	100.0	100.0	100.0	100.0
66歳	108.4	109.1	109.8	110.5	111.2	111.9	112.6	113.3	114.0	114.7	115.4	116.1
67歳	116.8	117.5	118.2	118.9	119.6	120.3	121.0	121.7	122.4	123.1	123.8	124.5
68歳	125.2	125.9	126.6	127.3	128.0	128.7	129.4	130.1	130.8	131.5	132.2	132.9
69歳	133.6	134.3	135.0	135.7	136.4	137.1	137.8	138.5	139.2	139.9	140.6	141.3
70歳	142.0											

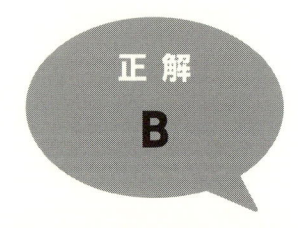

正解 B

改正情報

繰下げ請求を70歳以後にしても、70歳までさかのぼって受給できる！

【施行日：平成26年4月1日】

　老齢基礎年金や老齢厚生年金の繰下げ請求をする場合、1カ月当たり0.7%増額し、70歳時点では142%の受給率になります。

　しかし、70歳を超えて繰下げ請求をした場合でも、受給率は142%のままで変わらないにもかかわらず、繰下げ請求をした月の翌月分からしか受給できません。そのため、70歳時点で遅れないように請求しなければ、70歳を超えた期間については、損をすることになってしまいます。

　この取り扱いについて、平成26年4月1日からは、70歳を過ぎてから請求した場合でも、70歳に到達した月の翌月分までさかのぼって受給できることになりました。平成26年3月31日以前に70歳になった人が、施行日以後に繰下げ請求をした場合は、施行日までさかのぼって受給できます。

　また、繰下げ請求の待機中に他の年金が発生した場合も、請求が遅れても他の年金が発生した月の翌月分からさかのぼって受給できるようになります。

◆改正後の事例

　70歳に達した日後に繰り下げの申出をした場合でも、「70歳に達した日」に申出があったものとみなすこととされ、70歳に遡及して、70歳到達月の翌月から増額された年金を支給することとする。

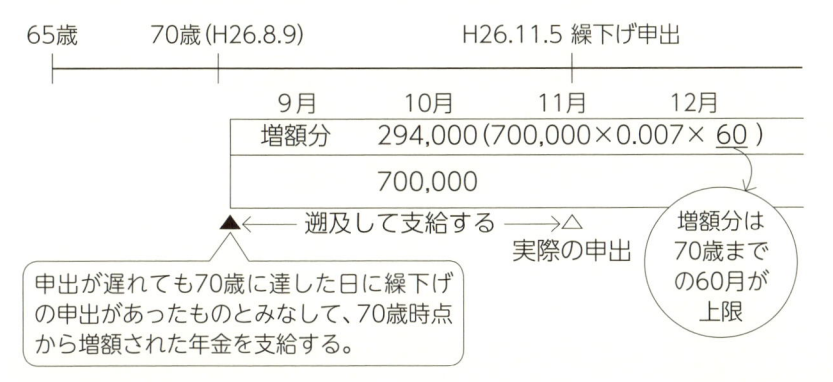

```
65歳      70歳(H26.8.9)           H26.11.5 繰下げ申出
 ├──────────┼────────────────────────┤
              9月    10月    11月    12月
              増額分  294,000 (700,000×0.007× 60 )
                      700,000
              ▲←── 遡及して支給する ──→△
                                     実際の申出
```

申出が遅れても70歳に達した日に繰下げの申出があったものとみなして、70歳時点から増額された年金を支給する。

増額分は70歳までの60月が上限

第4章　老齢年金について　79

老齢厚生年金は何歳から受け取れるの？

Q4 老齢厚生年金は何歳から受け取ることができますか？
次のうち正しいものを選んでください。
A 老齢厚生年金は、生年月日によって支給開始年齢が決まっている
B 老齢厚生年金は、生年月日と性別によって支給開始年齢が決まっている
C 老齢厚生年金は、生年月日と性別と厚生年金の加入月数によって支給開始年齢が決まっている

【解　説】

　厚生年金の支給開始年齢は、厚生年金の加入月数、性別、生年月日によって決まります。

①厚生年金の加入月数が12カ月未満の場合

　性別や生年月日にかかわらず、65歳から老齢厚生年金が支給されます。

②厚生年金の加入月数が12カ月以上の場合

　性別と生年月日で、支給開始年齢や支給される年金が次の表のようになります。

　現在、60歳から65歳までの間、「特別支給の老齢厚生年金」として報酬比例部分が支給されていますが、報酬比例部分を順次廃止し、65歳支給に移行するスケジュールが、進行中です。

　平成26年度に60歳を迎える、昭和29年度生まれの男性は、年金支給の開始は61歳から報酬比例部分のみの支給となります。女性は、60歳から報酬比例部分が支給されますが、男性と女性の支給開始年齢の引上げスケジュールは、男性より女性が5年遅れとなっている点に注意してく

ださい。

　なお、現在の法律では、最終的には男性も女性も65歳から老齢厚生年金と老齢基礎年金が支給されることとなっています。

区分	生年月日	特別支給の老齢厚生年金
男	昭和22年4月2日～24年4月1日	60歳から報酬比例部分、64歳から定額部分、65歳から老齢厚生年金・老齢基礎年金
女	昭和27年4月2日～29年4月1日	
男	昭和24年4月2日～28年4月1日	60歳から報酬比例部分、65歳から老齢厚生年金・老齢基礎年金
女	昭和29年4月2日～33年4月1日	
男	昭和28年4月2日～30年4月1日	61歳から報酬比例部分、65歳から老齢厚生年金・老齢基礎年金
女	昭和33年4月2日～35年4月1日	
男	昭和30年4月2日～32年4月1日	62歳から報酬比例部分、65歳から老齢厚生年金・老齢基礎年金
女	昭和35年4月2日～37年4月1日	
男	昭和32年4月2日～34年4月1日	63歳から報酬比例部分、65歳から老齢厚生年金・老齢基礎年金
女	昭和37年4月2日～39年4月1日	
男	昭和34年4月2日～36年4月1日	64歳から報酬比例部分、65歳から老齢厚生年金・老齢基礎年金
女	昭和39年4月2日～41年4月1日	
男	昭和36年4月2日以後生まれ	65歳から老齢厚生年金・老齢基礎年金
女	昭和41年4月2日以後生まれ	

正解 **C**

第4章　老齢年金について

長期加入者の特例について

Q5 昭和29年度生まれで、今年60歳になる男性です。中学を卒業後ずっとA社で働いてきました。厚生年金の加入期間が60歳時点で、44年6カ月（534月）になります。どのような年金が受け取れるのでしょうか？次のうち正しいものを選んでください。

A　60歳から報酬比例部分と定額部分、65歳からは老齢厚生年金と老齢基礎年金を受け取ることができる

B　61歳から報酬比例部分、65歳から老齢厚生年金と老齢基礎年金を受け取ることができる

C　61歳から報酬比例部分と定額部分、65歳からは老齢厚生年金と老齢基礎年金を受け取ることができる

【解説】

　昭和29年度生まれの男性の一般的な受給スタイルは、61歳から65歳の間、特別支給の老齢厚生年金の報酬比例部分のみが支給され、65歳から老齢厚生年金と老齢基礎年金が支給されることになります。

　しかし、長期加入者（厚生年金の加入月数が528月（44年）以上ある場合）と障害者（障害等級3級以上の障害の状態にある人）には特例があり、報酬比例部分の支給に合わせて、定額部分と加給年金額（加算の対象となる配偶者がいる場合のみ加算されます。以下同じ。）が加算された年金を受け取ることができるようになっています。

　この相談者は長期加入者に該当しますので、61歳時点から報酬比例部分の他に定額部分（年間773,105円）と加給年金額（年額386,400円）も合わせて支給されます。

　ただし、この特例による加算は、61歳以後厚生年金に加入していない

ことが条件となります。厚生年金に加入すると定額部分と加給年金額は支給されません。さらに、報酬比例部分については、在職老齢年金の対象となり、年金の一部又は全部が支給停止となりますので、60歳以後の働き方を検討するときには、注意してください。

長期加入者
厚生年金
44年以上
（生年月日により60～64歳支給開始） 65歳

厚生年金の被保険者でないことを条件に加算される!!

報酬比例部分	老齢厚生年金
定 額 部 分 約80万円／年	老齢基礎年金
加給年金額 約40万円／年	加給

（注） 44年は、厚生年金のみ、又は共済年金のみでの年数で、通算して44年の場合は該当しません。
一元化された場合も同様の取り扱いとなります。

正解
C

第4章 老齢年金について　83

改正情報　特別支給の老齢厚生年金の障害者特例がさかのぼって適用される

【施行日：平成26年4月1日】

　特別支給の老齢厚生年金を受給することができる人のうち、障害等級1～3級に該当する障害の年金の受給権者は、障害者特例の請求をすれば、報酬比例部分の受給開始年齢から、定額部分が加算されます。つまり、長期加入者の特例と同様に報酬比例部分に合わせて定額部分も受給できます。（対象者がいれば、加給年金額も加算されます。以下同じ。）

　改正前、障害者特例による定額部分の加算開始は、「障害者特例による請求をした月の翌月分から」となっていました。例えば、61歳で障害者特例の請求ができる人が、62歳で請求した場合は、62歳1カ月の時点からしか加算は行われませんでした。そのため請求が遅れると、定額部分の受給ができない期間が生じ、不利益をこうむっていました。

　この点について、平成26年4月1日以降は、障害年金（障害基礎年金・障害厚生年金・障害共済年金）の受給者に限り、定額部分加算開始時期が請求時からではなく、障害の状態にあると判断される時に改正されます。ただし、特別支給の老齢厚生年金の受給開始年齢以前から障害年金を受給している人は、受給開始年齢到達日にさかのぼって支給されます。

　なお、障害の状態にあるけれども、障害の年金の受給権者ではない人の定額部分の加算開始時期は、従来どおり、「請求をした月の翌月分から」となります。

1. 特別支給の老齢厚生年金の受給権者となった日に、被保険者でなく、障害厚生年金等を受けることができるとき。(附則第9条の2第5項第1号の請求)

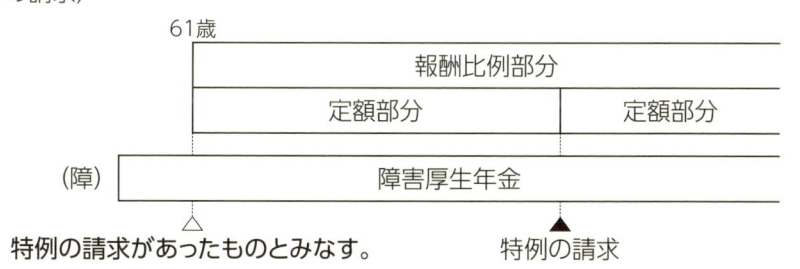

```
                61歳
                 ┌──────────────────────────────────┐
                 │           報酬比例部分              │
                 │      ┌──────────────┬───────────┤
                 │      │   定額部分   │  定額部分   │
                 └──────┴──────────────┴───────────┘
  (障) ┌──────────────────────────────────────────┐
       │              障害厚生年金                   │
       └──────────────────────────────────────────┘
            △                              ▲
      特例の請求があったものとみなす。      特例の請求
```

2. 障害厚生年金等を受けることができることとなった日において、老齢厚生年金の受給権者であって、被保険者でないとき。(附則第9条の2第5項第2号の請求)

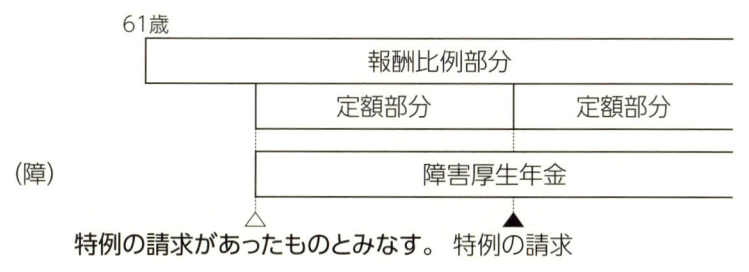

```
                61歳
                 ┌──────────────────────────────────┐
                 │           報酬比例部分              │
                 │      ┌──────────────┬───────────┤
                 │      │   定額部分   │  定額部分   │
                 └──────┴──────────────┴───────────┘
  (障)          ┌──────────────────────────────┐
                │          障害厚生年金            │
                └──────────────────────────────┘
                   △                        ▲
           特例の請求があったものとみなす。  特例の請求
```

3. 被保険者の資格を喪失したときに、特別支給の老齢厚生年金の受給権者で、障害厚生年金等を受け取ることができるとき。(附則第9条の2第5項第3号の請求)

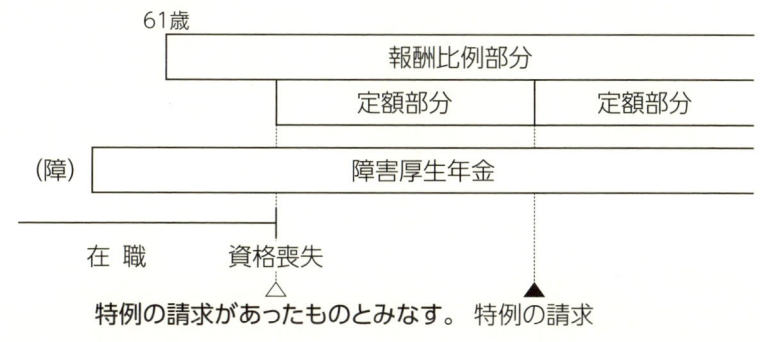

```
                61歳
                 ┌──────────────────────────────────┐
                 │           報酬比例部分              │
                 │      ┌──────────────┬───────────┤
                 │      │   定額部分   │  定額部分   │
                 └──────┴──────────────┴───────────┘
  (障) ┌──────────────────────────────────────────┐
       │              障害厚生年金                   │
       └──────────────────────────────────────────┘
       ├──────────────┤
          在 職      資格喪失
            △                              ▲
      特例の請求があったものとみなす。      特例の請求
```

第4章 老齢年金について

加給年金額の加算は？

Q6 私（夫）は、厚生年金に38年間加入していました。妻がいますが、加給年金額は加算されますか？

次のうち、正しいものを選んでください。

加給年金額は、
- A 妻がいれば必ず加算される
- B 妻が65歳未満であり、生計維持関係がある場合に加算される
- C 妻が65歳未満であり、生計維持関係があり、20年以上の加入期間のある老齢厚生年金・退職共済年金を実際に受け取っていない場合に加算される

【解 説】

　加給年金額は年金の家族手当のようなもので、妻や子がいる場合に、夫の老齢厚生年金に加算されます。しかし、妻がいれば必ず加算されるわけではありません。加算のための妻の要件は、次の3つです。

①妻が65歳未満であること（P87図参照）

　加給年金額は65歳未満の配偶者に対する家族手当なので、妻が65歳に達すると加給年金額の加算は終了します。その後は、妻の老齢基礎年金に振替加算額（生年月日によって金額が異なる。昭和41年4月1日以前生まれのみ）が終身加算されます。

②生計維持関係があること（妻と生計を同じくし、かつ妻の前年の年収が850万円未満であること）

　生計維持関係の有無を判断する時点で、妻の前年の年収が850万円を超えていても、5年以内に定年により退職する場合には、年収は問わずに加算が行われます。

③妻は、加入期間が20年以上ある老齢厚生年金、退職共済年金を実際に受けていないこと（P90 ②図参照）

　加入期間が20年以上ある老齢厚生年金や退職共済年金は、金額の高い年金とみなして、家族手当の対象からはずします。ただし、20年以上の加入期間のある年金が、在職により全額支給停止となっている場合は「実際に受けていないこと」に該当し、加算されることになります。

　以上の要件がありますので、夫に加給年金額が加算される時点で、妻がすでに65歳を超えている場合や、妻の前年の年収が850万円を超えている場合、また共働きで妻自身が20年以上の老齢の年金を受給している場合などでは、加給年金額の加算はありません。
（注）　なお、ここではわかりやすくするために、夫の老齢厚生年金に加給年金額が、妻の老齢基礎年金に振替加算額が加算されるものとして解説しています。実際には、夫が自営業者で妻が厚生年金に20年以上加入しているケースでは、夫と妻が入れ替わることになります。

《図》妻が年上のケースの加給年金額と振替加算

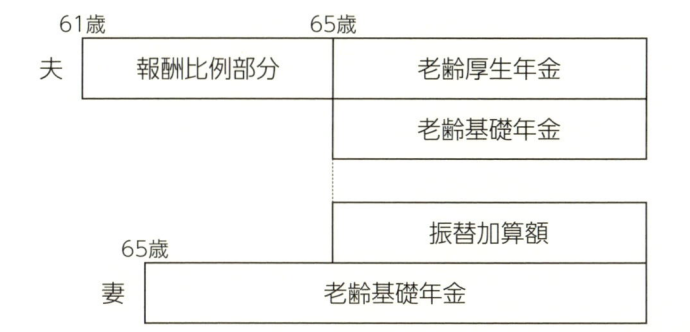

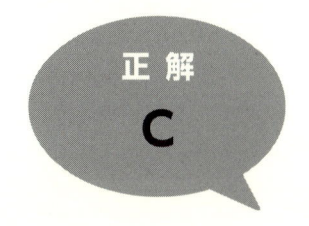

夫　61歳　報酬比例部分　｜　65歳　老齢厚生年金／老齢基礎年金

妻　65歳　老齢基礎年金　｜　振替加算額

正解 C

第4章 老齢年金について　87

夫の厚生年金には必ず加給年金額が加算される？

Q7 私（夫）には、60歳の専業主婦の妻がいます。私の国民年金の加入期間は30年、厚生年金の加入期間は10年です。加給年金額は加算されますか？
次のうち正しいものを選んでください。
A 夫の厚生年金の加入月数に関係なく加給年金額は加算される
B 夫の厚生年金の加入月数が、原則240カ月以上ある場合だけ加給年金額は加算される

【解 説】

加給年金額は、老齢厚生年金の加入期間に関係なく加算されるのではありません。厚生年金の加入期間が、原則240月（20年）以上ある場合のみに加算されます。

残念ながら、厚生年金の加入期間が10年の老齢厚生年金には、加給年金額は加算されません。

正解 **B**

配偶者が老齢厚生年金を受給すると、加給年金額は、どうなる？

Q8 現在、夫の老齢厚生年金には、私の分の家族手当として加給年金額が加算されています。間もなく私も60歳になり、自分の老齢厚生年金を受け取る予定ですが、私が年金を受け取ると、夫の年金に加算されている加給年金額はなくなるのでしょうか？
次のうちの正しいものを選んでください。

A 妻の受給する特別支給の老齢厚生年金が、原則240月（20年）未満の加入期間のものであれば、妻が65歳に到達するまでの間、加給年金額の加算は継続される

B 妻が受給する特別支給の老齢厚生年金の加入年数にかかわらず、妻が65歳に達するまでの間、加給年金額は加算される

【解　説】
　夫に加算されている加給年金額は、妻が特別支給の老齢厚生年金を受給すると、その時点で加算が停止される場合と、加算が引き続く場合があります。どちらのケースになるのかは、妻の厚生年金の加入月数によって決まります。
① 妻の厚生年金の加入月数が原則240月（20年）未満であれば、妻が特別支給の老齢厚生年金を受給しても、妻が65歳に到達するまでの間、加給年金額は夫の老齢厚生年金に引き続き加算されます。
② 妻の厚生年金の加入月数が原則240月（20年）以上であれば、妻が特別支給の老齢厚生年金を受給すると、夫の加給年金額は加算が停止されます。

第4章　老齢年金について

①妻：20年未満の厚生年金＋国民年金

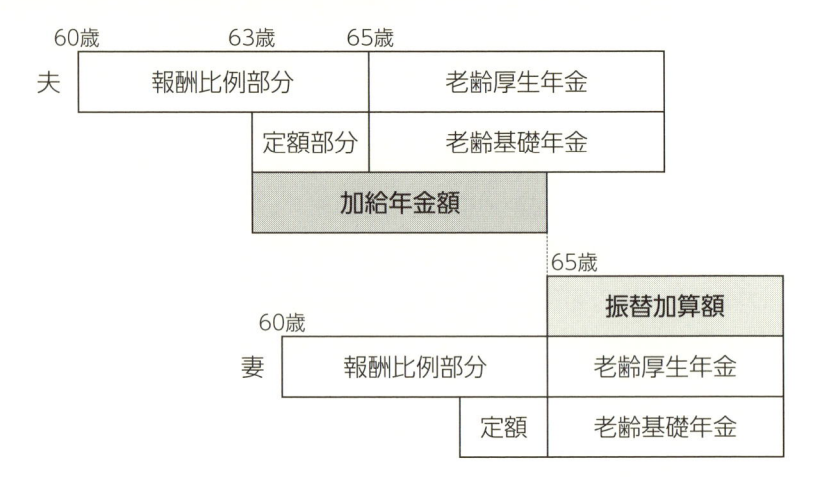

夫
- 60歳～63歳：報酬比例部分
- 63歳～65歳：定額部分
- 65歳～：老齢厚生年金／老齢基礎年金
- 加給年金額（63歳～65歳）

妻
- 60歳～：報酬比例部分
- 定額
- 65歳～：老齢厚生年金／老齢基礎年金
- 振替加算額（65歳～）

②妻：20年以上の厚生年金＋国民年金

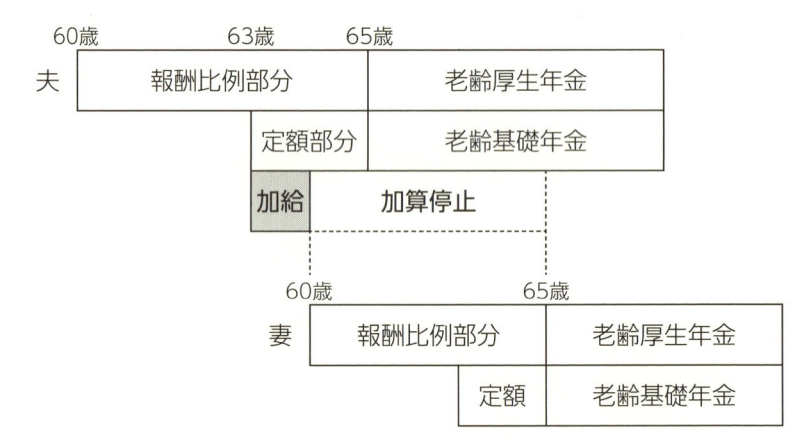

夫
- 60歳～63歳：報酬比例部分
- 63歳～65歳：定額部分
- 65歳～：老齢厚生年金／老齢基礎年金
- 加給（63歳～）／加算停止

妻
- 60歳～：報酬比例部分
- 定額
- 65歳～：老齢厚生年金／老齢基礎年金

（注）加給年金額は、老齢厚生年金に振替加算額は老齢基礎年金に加算されます。

正解 A

第5章　年金額について

老齢基礎年金の満額は？

Q1 満額の老齢基礎年金（国民年金）を受け取るためには、何年間保険料を納めればよいのでしょうか？
次のうち正しいものを選んでください。
A　25年
B　40年

【解説】

　老齢基礎年金は、保険料を納めた期間が25年あれば、受給資格期間を満たすことはできますが、納めた期間が40年なければ、満額の77万2,800円（平成26年度価額）を受け取ることはできません。そしてこの「40年」こそが、国民年金に加入しなければならない年数です。

　ところが、「25年間の納付で受給資格を満たせるならば、そこまでの加入でよい」と考えている人が多くいます。しかし、これは誤った情報で、国民年金では、国内在住で20歳以上60歳未満の人は、すべて強制加入被保険者で、加入して、保険料を支払う義務があります。

　また、老齢基礎年金の額は、25年の納付ならば年間で約48万円、40年の納付で約77万円と違いが生じます。納めた期間が長いほど金額は高くなるしくみで、1年納付するごとに老齢基礎年金は年額で1万9,320円増額します。

　平成27年10月1日からは、受給資格期間が10年に短縮される予定ですが、10年納めればそれでよいというのではなく、当然40年の納付が必要です。ちなみに10年の納付では年間19万3,200円の年金額にしかなりません。

正解 **B**

老齢基礎年金の年金額に反映する期間

Q2 次の期間のうち老齢基礎年金の年金額に反映する期間はどれですか？
A 国民年金の保険料を納めた期間
B 国民年金の保険料免除期間
C 学生の納付特例期間
D 若年者の納付猶予期間
E 保険料滞納期間

【解説】

老齢基礎年金の年金額の計算式は、

> 772,800円×（保険料納付済月数＋免除月数×一定率）/ 480月

となっています。つまり、480月の納付で満額受給ができます。免除期間については、免除された割合と時期に応じて年金額への反映の割合が決められています。（計算については、P97参照）

ここでは、設問にあるAからEの期間のうち、年金額に反映する期間が、A国民年金の保険料を納めた期間とB国民年金の保険料免除期間であることを確認しましょう。なお、C・Dの期間は、受給資格を確認する際には算入されますが、年金額には反映しません。（各期間の詳細については、P74参照）

正解 **AとB**

第5章 年金額について

老齢基礎年金の簡単計算は？

Q3 国民年金の老齢基礎年金は、1年間保険料を納めると、年額でいくらぐらい受給できるのでしょうか？
次のうち正しいものを選んでください。
　A　約1万円
　B　約2万円
　C　約3万円

【解　説】

老齢基礎年金の計算式は、

> 77万2,800円×保険料納付済月数(年数) ／ 480月(40年)

となっていて、保険料を納めた月数（年数）に比例して受給額が決まるしくみになっています。

　保険料を40年間納付することで満額の77万2,800円（平成26年度価額）を受け取ることができますので、1年の保険料納付では、77万2,800円÷40年≒19,320円≒2万円（年額）、つまり「国民年金の保険料を1年間納付すれば、年額で2万円の老齢基礎年金が作れる」ことになります。

正解 **B**

改正情報 特例水準の解消

　年金は、年度ごとに全国消費者物価指数の上昇・下落に連動して年金額が改定されます。これを物価スライドと言い、年金の購買力が維持されるしくみになっています。

　しかし、平成25年9月までの間に支払われていた年金は、法律で定められた本来支払うべき年金より2.5％高い水準（特例水準）のものでした。平成12年度から平成14年度については、前年物価が下落したにもかかわらず、特例法によりマイナスの物価スライドを行わず年金額を据え置いたことなどが原因です。

　この特例水準の解消が、平成25年10月1日から実施され、平成25年10月に▲1.0％引き下げられました。更に、平成26年4月に▲1.0％、平成27年4月に▲0.5％引き下げられ、本来の水準に戻ります。その後からは、「マクロ経済スライド」（働き手の減少と年金受給者の長寿化をカバーするために年金を減額するしくみ）が発動し、年金の水準が下がっていきます。

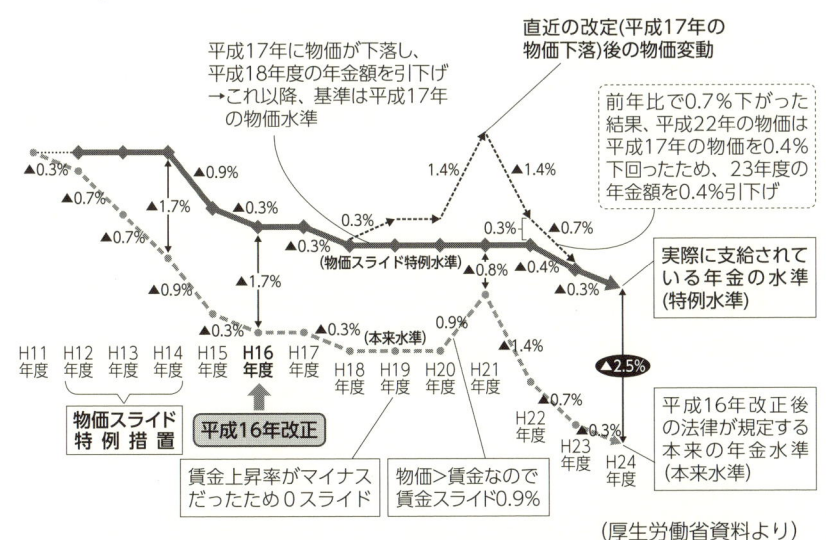

（厚生労働省資料より）

第5章　年金額について

保険料免除期間の取扱いは？

Q4 国民年金の保険料を免除された期間があります。この期間について、老齢基礎年金での取扱いはどのようになりますか？
次のうち正しいものを選んでください。
A　免除期間は、受給資格期間と年金額の計算には入らない
B　免除期間は、保険料を納めたものとみなして、年金額の計算に入る
C　免除期間は、受給資格期間の計算に入り、免除された時期と免除段階によって一定割合で年金額に反映される

【解 説】

国民年金の保険料の免除を受けた期間（免除期間）は、老齢の年金を受給する権利を獲得するために必要な期間（原則25年の受給資格期間）を確認するときには、そのままの月数で計算されます。

ただし、老齢基礎年金の年金額を計算する際には、保険料を全額納付した場合とは異なり、免除を受けた時期及びその割合に基づいて、年金額を計算します。

免除期間における年金額の計算は、次のようになっています。

(1) 免除時期での違い

全国民の共通制度である老齢基礎年金を給付する財源は、加入者からの保険料だけではなく、国からの負担（国庫負担）があります。国庫負担の割合は、平成21年4月前と4月以後で異なっています。

① 免除時期が平成21年3月31日以前の場合
　➡ 国庫負担の割合1/3

② 免除時期が平成21年4月1日以後の場合
　　➡　　国庫負担の割合1/2

なお、この国庫負担には、私達の税金が投入されていますが、保険料の免除を受けた期間だけに限らず、納付した期間にも等しく実施されています。（保険料を滞納した期間は国庫負担の対象外です。）

(2) 免除割合での違い

保険料の免除対象者の状況に応じて、現在、免除には4段階あり、保険料を負担した割合に応じて年金額が決まるしくみになっています。

① 全額免除：国庫負担の割合分のみ年金額に反映
② 3/4免除：国庫負担の割合分＋本人負担分（1/4相当額）
③ 半額免除：国庫負担の割合分＋本人負担分（2/4相当額）
④ 1/4免除：国庫負担の割合分＋本人負担分（3/4相当額）
※ 全額納付：国庫負担の割合分＋本人負担分（4/4相当額）

なお、保険料の半額免除は平成14年4月から、3/4免除と1/4免除は平成18年7月から実施されています。

	H21年3月31日 国庫負担1/3	H21年4月1日 国庫負担1/2
全額免除	2/6相当額	4/8相当額
3/4免除	3/6相当額	5/8相当額
半額免除	4/6相当額	6/8相当額
1/4免除	5/6相当額	7/8相当額

事例：平成22年4月から24年3月までの2年間
　　　（24月）、半額免除を受けた場合
・受給資格期間に反映するのは24月です。
・年金額に反映するのは18月（＝24月×6/8）です。

正解 C

遺族・障害基礎年金の年金額は？

Q5 遺族基礎年金や障害基礎年金も老齢基礎年金と同様に、保険料を納めた期間によって年金額が決められているのでしょうか？
次のうち正しいものを選んでください。
A　老齢基礎年金と同様で、保険料を納めた期間によって年金額が計算される
B　保険料を納めた期間に関係なく一定額である

【解 説】

　遺族基礎年金と障害基礎年金は、亡くなった人や障害を負った人の保険料を納めた期間にかかわらず、一定額が支払われることになっています。その理由は、老齢基礎年金は、加入から40年以上経過してから給付が始まりますので、年金額を積み上げておくことができますが、遺族・障害の年金は、加入直後に発生することもあります。いつ遺族・障害という状態になっても一定額の保障を行うために、このように定められています。

　遺族基礎年金の基本年金額は77万2,800円（年額。以下同じ。）で、妻が遺族基礎年金を受給する場合、子供の人数によって加算額が加算されます。加算額は、1人目と2人目の子供は22万2,400円、3人目からは7万4,100円となります。（次図参照）

　また、障害基礎年金は、2級の場合は77万2,800円で、1級の場合は1.25倍の96万6,000円となります。障害基礎年金にも遺族基礎年金と同様に、子供の加算額が加算されます。

◆夫が死亡して妻と子が３人残された場合の遺族基礎年金の額

基 本 額	772,800円
子 の 加 算	222,400円
子 の 加 算	222,400円
子 の 加 算（3人目以降）	74,100円

遺族基礎年金　1,291,700円

◆障害基礎年金

	年 金 額	子（※）に対する加算額
1級	966,000円 （2級の年金額×1.25）	・2人目までは 　1人につき222,400円
2級	772,800円	・3人目以降は 　1人につき74,100円

（※）18歳到達の年度末（障害等級1・2級の障害に該当する場合は20歳未満）までの未婚の子

正解 **B**

第5章　年金額について

老齢基礎年金の金額を増やしたい

Q6 私は現在、国民年金の第3号被保険者で、もうすぐ60歳になる女性です。結婚以来専業主婦でした。国民年金には、27年加入しましたので、年金を受け取ることはできますが、満額にはなりません。60歳以後、年金を増やすことはできますか？　夫は、後5年ほど厚生年金に加入して働く予定です。

次のうち正しいものを選んでください。

A　60歳から65歳までの間、引き続き第3号被保険者として国民年金に加入する

B　60歳から65歳までの間、任意加入被保険者として国民年金に加入する

C　60歳から65歳までの間、第1号被保険者として国民年金に加入する

【解説】

現在、国民年金の第3号被保険者として国民年金に加入しているとのことですが、第3号被保険者は60歳未満であることが条件です。夫が今後も厚生年金に加入を続けても、妻は60歳以降は第3号被保険者になることができません。また、第1号被保険者も20歳以上60歳未満となっていますので、60歳以降は第1号被保険者にもなることはできません。

そこで、市区町村役場の国民年金の窓口で申し出て60歳から65歳までの間、任意加入をすれば老齢基礎年金を増やすことができます。任意加入ですので、保険料を自己負担することになりますが、支払う保険料は約9年で回収できます。また、付加保険料を支払うことで付加年金もプラスされます。

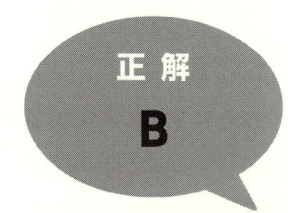

正解　**B**

厚生年金加入者の老齢基礎年金の額は？

Q7 厚生年金に18歳から65歳まで加入すると、老齢基礎年金はいくら位受け取ることができますか？ 1年の納付で約2万円の年金として、考えてみましょう。
次のうち正しいものを選んでください。
A　47年加入したことになるので約94万円
B　20歳から60歳までの40年だけが対象となるので約80万円
C　20歳から65歳までの45年だけが対象となるので約90万円

【解　説】

厚生年金に加入していた期間は、国民年金にも第2号被保険者として加入していたことになりますが、年齢によって、第2号被保険者期間は、次のような取り扱いとなります。

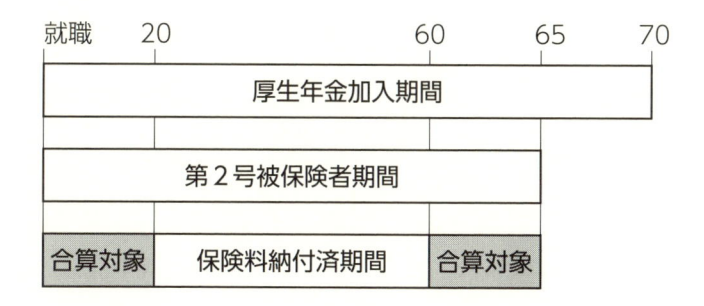

```
就職   20              60    65       70
├──────────────────────────────────┤
│         厚生年金加入期間             │
├──────────────────────────┤
│       第2号被保険者期間        │
├────┼──────────────┼────┤
│合算対象│  保険料納付済期間   │合算対象│
```

① 就職（20歳未満であっても）してから70歳（又はそれまでに退職する場合は退職）までは、厚生年金の被保険者です。
② 厚生年金の被保険者期間のうち、国民年金の第2号被保険者になる

第5章　年金額について　101

のは、就職（20歳未満であっても）してから、65歳未満の間となります。
③　第2号被保険者期間のうち、老齢基礎年金の額に反映する保険料納付済期間は、20歳以上60歳未満の間となります。これは、国民年金の第1号被保険者と第3号被保険者の加入について、20歳以上60歳未満という年齢制限があり、最大でも40年分しか保険料を納められないということの公平を保つためです。
④　20歳未満の期間と60歳以上65歳未満の期間は、合算対象期間とされ、老齢基礎年金の受給資格を満たしているか、いないかを判定する際には、算入されます。
⑤　なお、厚生年金の期間のうち、20歳未満の期間と60歳以上65歳未満の期間は、老齢厚生年金に加算される経過的加算額の計算の基礎になります。

以上のことから、18歳から65歳までの47年間、厚生年金の加入期間があっても、老齢基礎年金の計算の基礎となる保険料納付済期間は、20歳以上60歳未満の間となるため、老齢基礎年金の額は、満額の77万2,800円（概算で80万円）となります。

正解 **B**

老齢厚生年金の年金額の計算は？

Q8 老齢厚生年金の額は、何を基準に計算されているのですか？
次のうち正しいものを選んでください。
　A　厚生年金の加入月数と給料の平均値
　B　厚生年金の加入月数と給料と賞与の平均値
　C　厚生年金の加入月数と平成15年3月までは給料の平均値、
　　　4月以後は給料と賞与の平均値

【解　説】
(1) 老齢厚生年金の年金額計算の基本的な考え方

　老齢厚生年金の額は、一人ずつ皆違います。まずは、計算式を見てみましょう。

> 給料等の平均値×一定率/1,000×厚生年金の加入月数×スライド率

　この式からは、どんな人の年金額が高いのかということがわかりますね。
　そう、給料や賞与が高かった人や厚生年金の加入期間が長かった人ほど年金額は多くなります。つまり、老齢厚生年金の額は、「高ーい給料（含む賞与）で、長ーく働くと、いっぱーい受け取れる」というルールになります。

(2) 老齢厚生年金の具体的な計算方法

　では、もう少し詳しくみていきましょう。老齢厚生年金の年金額の計算は、平成15年4月に厚生年金に総報酬制が導入され、大きく変わりました。それまでは、保険料や年金額の計算の基礎は、「給料（標準報酬月

額）だけの平均値」でした。総報酬制では、「給料（標準報酬月額）だけでなく、賞与（標準賞与額）も組み込む」ことになりました。そのために、平成15年4月1日前と、以後の期間に分けて、別々に計算した金額を合算して老齢厚生年金の額を決めています。計算に使う「給料等の平均値」「一定率」「厚生年金の加入月数」は、総報酬制導入前後で次のようになります（波線部分に注意）。

◆報酬比例部分の計算式数

$$（A + B）\times 1.031 \times 0.961$$

A：総報酬制導入前
平均標準報酬月額 × $\dfrac{7.5}{1{,}000}$ × 平成15年3月以前の被保険者月数

B：総報酬制導入後
平均標準報酬額 × $\dfrac{5.769}{1{,}000}$ × 平成15年4月以後の被保険者月数

就職 ─── 厚生年金 200月 ─── H15年4月 ─── 厚生年金 100月 ─── 退職

A式で計算	B式で計算
平均標準報酬月額 ×7.5/1,000×200月	平均標準報酬額 ×5.769/1,000×100月

$$（A + B）\times 1.031 \times 0.961$$

① Aの平均標準報酬月額とは、平成15年3月以前の給料（標準報酬月額）の平均値です。
② Bの平均標準報酬額とは、平成15年4月以後の給料（標準報酬月額）と賞与（標準賞与額）の平均値です。
③ AとBの平均値を算出する際には、過去の給料等を現在の経済水準に読み替える「再評価」を行います。
④ 昭和21年4月2日以後生まれの人の乗率は、導入前は7.5/1,000、導入後は5.769/1,000を使用します。

総報酬制の導入により、賞与も年金額の計算の基礎となるため、同じ乗率のままで計算すると、導入後の年金額が高くなります。その部分を調整するために、5.769/1,000の乗率になりました。
⑤　報酬比例部分の月数は、平成15年4月前後で分けて、それぞれの実月数を使用（月数に上限なし）します。
⑥　平成16年の年金改正により、報酬比例部分の年金額の算出方法が改定されていますが、従前額保障の経過措置が設けられているので、現在は「従前額保障（改正前H6）」の計算式で求めた年金額が支給されています。

正解 **C**

老齢厚生年金の最高額はいくら？

Q9 老齢厚生年金の年金額には上限額がありますか？
次のうちで正しいものを選んでください。
A 上限額があるので、それを超えた額は受給できない
B 上限額はないので、青天井で受給できる
C 上限額はないが、一定のところで年金額に歯止めがかかる状態になる

【解説】

「老齢厚生年金の年金額には上限額がありますか？」「最高額はいくらですか？」などの質問を受けることがあります。老齢厚生年金には、老齢基礎年金のような満額という考え方はありませんので、具体的な金額としての上限額というものは、設定されていません。

しかし、老齢厚生年金の額を決定する2つの要素に、ストッパーがついています。老齢厚生年金の額の考え方は、「高ーい給料（含む賞与）で、長ーく働くと、いっぱーい受け取れる」でした。まず1つ目は、給料と賞与の上限です。月額100万円の給料の人も、200万円の給料の人も、年金では62万円（上限額）の給料を受け取っているものとして保険料と年金額が計算されます。賞与は1回の支払い額で150万円を上限として保険料と年金額が計算されることになっています。（標準報酬制度）

2つ目の要素は、加入月数ですが、これは最大でも55年、660月となります。この2点に上限が設けられているために老齢厚生年金の額が、青天井になることはありません。例えば、給料と賞与の平均値を65万円、加入月数を600カ月と仮定すると、老齢厚生年金の額は、約227万円となります。

正解 C

老齢厚生年金の経過的加算額とは？

Q10 私は、56歳の女性です。高校を卒業してから、5年間厚生年金に加入し、その後に結婚。昭和61年4月から第3号被保険者です。ねんきん定期便が届きましたが、老齢年金の見込額に記載されている「経過的加算額」とはどのようなものでしょうか？

2. 老齢年金の見込額 (ご自身の加入状況の変化や毎年の経済動向など種々の要因により変化します。あくまで参考としてください。)				
年金を受給できる年齢		歳	61 歳～	65 歳～
年金の種類と年金額（1年間の受取見込額）	基礎年金			老齢基礎年金 695,500 円
	厚生年金	特別支給の老齢厚生年金（報酬比例部分） 円	特別支給の老齢厚生年金（報酬比例部分） 72,000 円	老齢厚生年金（報酬比例部分） 72,000 円
			（定額部分）円	（経過的加算部分） 19,358 円
年金額（1年間の受取見込額）			72,000 円	786,900 円

次のうち正しいものを選んでください。
A　65歳で老齢基礎年金が受給できるようになる時点で、全員にこの金額が加算される
B　20歳未満の厚生年金の加入期間が老齢基礎年金に反映しないため、経過的加算額として加算される
C　老齢厚生年金の額が少ない場合に限り加算される

【解　説】

まずは、経過的加算額の計算式を確認してみましょう。
経過的加算の計算式は、次のようになっています。

定額部分相当額 ＝ 772,800円 × 厚生年金の被保険者月数 / 480月

（S36.4.1以後で20歳以上60歳未満の）

（注）
定額部分相当額
＝ 1,676円 × 乗率 × 厚生年金の月数（480月上限）× 0.961

生年月日により、1.875〜1.000（昭和21年度以後の人は、1.0）

　かつての特別支給の老齢厚生年金は、報酬比例部分と定額部分の合計額でした。しかし、まず定額部分が、続いて報酬比例部分がなくなり、年金は最終的には65歳支給となります。現在では男性も女性も定額部分は、支給されなくなりました。

《従前》

|←　特別支給の老齢厚生年金　→|
60歳　　　　　　　　　　　65歳

報酬比例部分	老齢厚生年金
定額部分	老齢基礎年金

⬇

《昭和33年度生まれの女性》

61歳　　　　　　　　65歳

報酬比例部分	老齢厚生年金
	老齢基礎年金

厚生年金のみに加入した場合、65歳以降の年金は、報酬比例部分が老齢厚生年金に、定額部分が老齢基礎年金に相当します。しかし、定額部分の額が老齢基礎年金の額を上回るため、このままにしておくと65歳以降の年金額が減ってしまいます。そこで、65歳以降の老齢厚生年金には、定額部分から老齢基礎年金を引いた額が、経過的加算額として加算されます。この加算があるので、65歳以降も60歳からの年金額が保障されることになります。この加算は、すでに定額部分が支給されなくなった人についても加算されます。
　特に加算額が多くなるのは、20歳未満と60歳以後の厚生年金の期間があり、厚生年金の加入期間が、480月未満の人です。

《計算例》
　昭和33年４月25日生まれの女性
　昭和52年４月〜昭和57年３月　厚生年金加入
　昭和61年４月〜　国民年金第３号被保険者

・定額部分の相当額
　1,676円 × 1,000 × 60月 × 0.961 = 96,638円
・経過的加算額
　　96,638円 － 772,800円 × $\frac{48月}{480月}$
　＝ 96,638円 － 77,280円
　＝ 19,358円

正解 **B**

第５章　年金額について　109

60歳以後働くと、いつの時点で年金が増えるの？

Q11 もうすぐ60歳の定年を迎える男性です。引き続き厚生年金に加入し、65歳まで働く予定です。年金の受給は、61歳からですが、60歳以後支払う保険料は、いつの時点で年金額に反映されますか？
次のうち正しいものを選んでください。
A　ひと月ごとに、毎月改定される
B　1年分をまとめて、年に1回改定される
C　65歳になるまで改定されない

【解説】
　61歳から受給できる特別支給の老齢厚生年金は、60歳11カ月までの被保険者期間の給料等の平均値と加入月数で計算されます。
　61歳以後、厚生年金の加入が続くと、ひと月ごとに被保険者期間が延びるので、計算上は年金額は増えていくように思えます。
　しかし、実際に年金額が改定されるのは、65歳到達月の翌月分又はそれまでに退職すればその翌月分（月末退職の場合は、翌々月分）からとなります。というのも、ひと月ごとの改定をすると事務量が膨大になるため、一定の期間を経て反映させることになっているのです。
　つまり、年金の受給開始時点での年金額は、途中で退職しない限り、65歳までは同じ金額のまま変わらないということになります。

正解　C

老齢基礎年金の繰上げ受給の注意点は？

Q12 私はサラリーマンの妻です。2歳年上の夫は、厚生年金に38年加入して、今は年金を受給しています。私は、65歳から老齢基礎年金が受け取れますが、60歳から繰上げ受給をしようと思います。友人からいろいろな情報を集めましたが、どれが正しいのかわかりません。
次のうち正しいものを選んでください。

A 老齢基礎年金は、ひと月繰り上げるごとに0.5％の減額になるので、60歳まで繰り上げると30％の減額となるが、65歳からは満額に戻って受給できる

B 繰上げ請求後から65歳になるまでの間に障害になっても、障害基礎年金は受け取ることができない

C 繰上げ受給中に遺族厚生年金が受給できるようになったときには、65歳未満であっても両方受け取ることができる

D 老齢基礎年金を繰り上げて受給する場合は、振替加算額も同時に繰り上げる

E 繰上げ受給をすると任意加入はできない

【解説】
老齢基礎年金は原則65歳で受給開始となりますが、希望すれば60歳以降64歳11カ月までの間に請求することができます。これを繰上げ受給と言います。繰上げは、決められた年齢より早く受け取ることができる制度ですが、年金額は繰り上げた期間によって減額されます。ひと月繰り上げるごとに、0.5％の減額です。60歳で請求した場合は、−0.5％×60カ月＝−30％になります。この減額は、65歳以後終身続きますのでAは誤りです。

第5章 年金額について　111

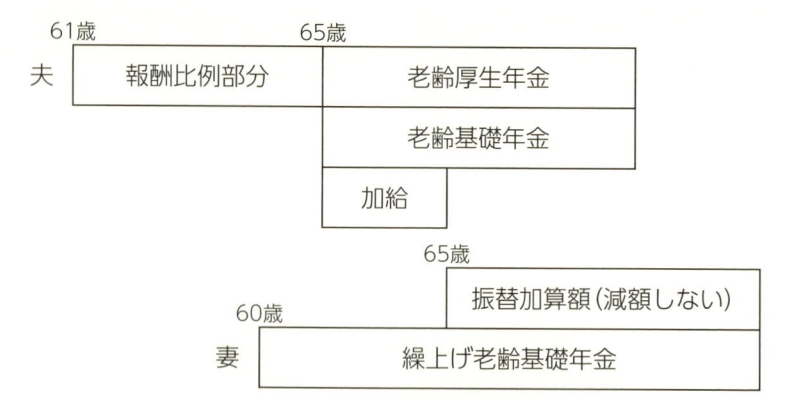

```
       61歳           65歳
夫  |報酬比例部分|  |   老齢厚生年金   |
                    |   老齢基礎年金   |
                    | 加給 |

                        65歳
                        |振替加算額(減額しない)|
            60歳
      妻    |   繰上げ老齢基礎年金         |
```

この他、繰上げには、いくつかの注意点があります。

①障害基礎年金の保障がなくなる

　　国民年金には、65歳までの間に障害等級1・2級に該当する障害の状態になった場合、障害基礎年金の保障があります。しかし、繰上げ請求をすると、65歳になったものとみなされ、万一障害を負っても障害基礎年金は受給できません。

②65歳未満の間は、遺族厚生年金と選択になる

　　繰上げ受給をしている人に遺族厚生年金が発生した場合には、65歳未満の間はどちらか一つを選ぶこととなります。遺族厚生年金を選択した場合は、「繰上げ受給をするのではなかった」ということになります。

③繰上げ受給をすると任意加入できない

　　老齢基礎年金の受給権を有する人については、65歳からは受給者となるため、65歳未満の間しか任意加入はできません。繰上げ請求をすると65歳になったものとみなされますので、任意加入はできません。

④加給年金額・振替加算額と繰上げ受給

　　配偶者の老齢厚生年金に加給年金額が加算されていた場合は、65歳以後ご本人の老齢基礎年金に振替加算額が加算されます。繰上げ受給した場合でも振替加算額の加算は、65歳から100％の金額で行われます。

正解
BとE

老齢厚生年金の繰上げ受給について

Q13 私は、特別支給老齢厚生年金の報酬比例部分が61歳から受給できます。60歳で退職したいのですが、60歳から年金を受給することはできますか？
次のうち正しいものを選んでください。
A 報酬比例部分は繰り上げることはできないので、61歳からの受給となる
B 60歳以後であれば、報酬比例部分と老齢基礎年金を繰り上げて受給することができる

【解 説】

　報酬比例部分が61歳以後から支給開始される世代の人（男性：昭和28年4月2日から昭和36年4月1日生まれ／女性：昭和33年4月2日から昭和41年4月1日生まれ・P81参照）は、60歳から特例支給開始年齢（報酬比例部分の支給開始年齢）までの間、年金が受給できません。この間の収入を補うために新たに老齢厚生年金の繰上げ請求ができることになりました。
　老齢厚生年金の繰上げ請求をする場合、同時に老齢基礎年金の繰上げ請求もしなければなりません。繰上げ受給は次のようになります。
① 繰上げ受給は、必ず2つの年金（老齢厚生年金と老齢基礎年金）を同時に繰り上げなければなりません。
② 繰り上げることにより、年金が減額されますが、減額率は、ひと月あたり0.5%となります。
③ 老齢厚生年金は、報酬比例部分として61歳から支給されるので、60歳まで繰り上げると0.5%×12月＝6%減額→受給率94%となります。
④ 老齢基礎年金は、65歳から支給されるので60歳まで繰り上げると

第5章 年金額について

0.5%×60月=30%減額→受給率70%となります。
⑤ 経過的加算額は、もともとは65歳支給なので、60カ月の繰上げとなり、④の老齢基礎年金と同じ減額率となります。
　しかし、実際には、経過的加算額の金額はそのまま加算され、報酬比例部分から減額されます。

◆報酬比例部分の支給開始年齢が段階的に引き上げられるケース
　◇原則

61歳(特例支給開始年齢)	65歳
報酬比例部分	老齢厚生年金(報酬比例部分+経過的加算額)
	老齢基礎年金

　◇老齢基礎年金と老齢厚生年金の全部を繰り上げる

A月：繰上げ請求月～特例支給開始年齢到達月の前月までの月数
B月：繰上げ請求月～65歳到達月の前月までの月数
※特例支給開始年齢とは、報酬比例部分の支給開始年齢

60歳　61歳(特例支給開始年齢)　65歳
A月
B月

ⓘ繰上げ受給の報酬比例部分	老齢厚生年金
ⓒ経過的加算額	(繰り上げた報酬比例部分+経過的加算額)

ⓐ全部繰上げ受給の老齢基礎年金

老齢厚生年金と老齢基礎年金は同時に繰り上げなければならない

繰り上げた場合の各部分の計算式

ⓐ＝老齢基礎年金の額 －（老齢基礎年金の額×0.005×B月）
ⓘ＝報酬比例部分の年金額 －｛（報酬比例部分の年金額×0.005×A月）
　　＋（経過的加算額×0.005×B月）｝
ⓒ＝繰上げによる減額分は報酬比例部分から減額され、経過的加算額そのものは減額されずに加算される
※加給年金額は65歳から加算される

ところで、老齢厚生年金の繰上げ請求には、注意するべき点があります。繰り上げた後に不利益をこうむることもありますので、事前によく検討して、繰上げ請求をするかどうかを決めましょう。

《老齢厚生年金を繰り上げた場合の注意点》
① 繰り上げた後に厚生年金の期間を延ばし528月以上になっても長期加入者の特例は受けられない。
　➡ 繰り上げる前に、厚生年金の月数を確認する！
また、障害等級に該当しても障害者の特例は受けられない。
② 繰り上げた報酬比例部分と基本手当は、どちらか一方を選択する。基本手当を受け取ると報酬比例部分は受給できない。
　➡ 60歳以後働かない場合には61歳になるまでの間に基本手当の受給を終了させる。
③ 繰り上げた報酬比例部分は、厚生年金に加入すると28万円の在職老齢年金の調整がある。
④ 繰り上げた報酬比例部分は、高年齢雇用継続基本給付金との調整も行われる。
　➡ ③も含めて、60歳以後も厚生年金に加入して働く場合は、繰上げ請求はしない。

正解 **B**

第5章　年金額について　115

老齢厚生年金の繰下げ受給について

Q14 65歳から受給する老齢厚生年金と老齢基礎年金を繰り下げて受け取る場合について、正しいものを選んでください。

A 老齢基礎年金は繰り下げることができるが、老齢厚生年金は繰り下げることはできない

B 老齢厚生年金は繰り下げることはできるが、老齢基礎年金は繰り下げることはできない

C 老齢厚生年金と老齢基礎年金はどちらも繰り下げることはできる

【解 説】

　老齢厚生年金と老齢基礎年金は、どちらも繰り下げて受給することができます。繰り下げる際には、同時に繰り下げる必要はありません。別々に繰り下げることも可能です。

　ところで、老齢厚生年金に加給年金額が加算されている場合には、繰り下げても加給年金額は増額しませんし、さかのぼっての支給も行われません。繰下げ期間中に加算される加給年金額は、受け取れないまま終わってしまいます。

　同じく、老齢基礎年金を繰り下げる際は、振替加算額が加算される場合であっても、やはり繰下げ期間中の振替加算額は受け取れないまま終わってしまいますし、繰下げ受給を開始しても増額しません。

　繰下げの際には、これら加算額については不利な点がありますので、注意してください。

```
夫  61歳         65歳
   ┌─────────┬──────────────┐
   │報酬比例部分│  老齢厚生年金  │
   └─────────┼──────────────┤
             │  老齢基礎年金  │
             ├────┬─────────┘
             │加給│
             └────┘
```

妻が繰り下げて65歳から年金受給がない場合でも、加給年金額は妻が65歳時点で加算は終了する

```
      65歳    68歳
妻    ┌─────┬──────────────┐
      │     │振替加算額(増額しない)│
      │     ├──────────────┤
      │     │  繰下げ老齢基礎年金 │
      └─────┴──────────────┘
```

正解 **C**

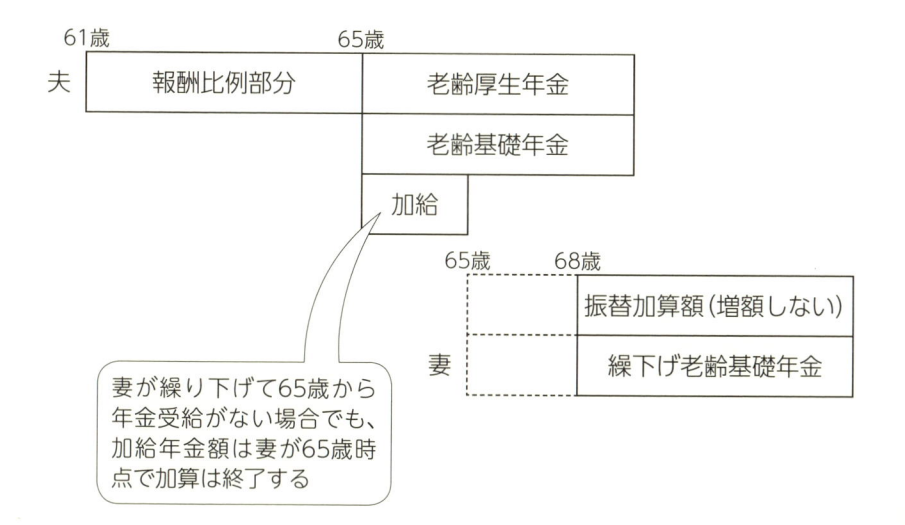

第5章 年金額について　117

第6章　働いたときの年金

働くと年金はカットされる？

Q1 私の会社は60歳で定年ですが、退職後も老齢厚生年金を受給しながら、働きたいと思っています。働くと年金がカットされると聞きましたが、本当ですか？
次のうち正しいものを選んでください。

A 厚生年金の加入の有無に関係なく、働くと年金はカットされる

B 厚生年金の加入の有無に関係なく、給料が一定額を超えた場合は、年金がカットされる

C 厚生年金に加入すると、原則年金はカットされるが、厚生年金に加入しない場合は、全額受給できる

【解説】

厚生年金に加入しながら受給する老齢厚生年金を「在職老齢年金」と言います。在職老齢年金での在職とは、単に働くことではなく、厚生年金に加入して働くことを意味します。つまり、年金がカットされるのかどうかは、再就職先で厚生年金に加入するかしないかによって決まります。

厚生年金に加入すれば、在職老齢年金のしくみによって、原則年金の一部又は全部が、支給停止になります。加入しない場合は、給料や収入の額にかかわらず、全額受給することができます。

なお、厚生年金に加入するのかどうかは、働く時間や日数によって決まります。所定労働時間と所定労働日数のいずれもが正社員の4分の3以上であれば、厚生年金に加入することになります。所定労働時間又は所定労働日数のいずれかが正社員の4分の3未満の場合は厚生年金に加入できません。

正解 C

年金がカットされない方が有利？

Q2 厚生年金に加入すると在職老齢年金のしくみで年金がカットされますよね。せっかく受け取ることができるようになる年金ですので、働く時間数や日数を少なくして、厚生年金に加入しないで働いた方が有利でしょうか？
次のうち正しいものを選んでください。
A　厚生年金に加入しない方が有利である
B　有利・不利は、ケースによって異なる
C　厚生年金に加入する方が有利である

【解　説】
　60歳以後の厚生年金の加入については、在職老齢年金のしくみにより年金が減額されることばかりに注目しがちですが、厚生年金に加入することのメリットもあります。
　特に長期加入者の特例に該当する場合は、メリットが大きいので、60歳時点での厚生年金の加入月数に注意してください。
①長期加入者に該当すると年金額が大きくアップ
　65歳に到達するまでの間に厚生年金の加入期間を「528月（44年）以上」にして、被保険者資格を喪失すると（＝退職する又は厚生年金が適用されない範囲の短時間で働く）、退職月の翌月（退職が月末の場合は、翌々月となります。以下「翌月」の表記については同じです。）から長期加入者の特例に該当します。その結果、65歳までの間、報酬比例部分に合わせて定額部分が受給できます。また、加給年金額の対象者がいる場合は、加給年金額も加算されます。
　（注）　加給年金額の対象者＝加算開始時点で65歳未満の配偶者で、前年の年収が850万円未満、かつ、障害年金や加入期間が20年以上ある老齢

第6章　働いたときの年金　121

厚生年金や退職共済年金を実際に受給していない人

例えば、報酬比例部分が61歳から受給開始になる男性で、60歳時点で42年の厚生年金の加入期間のある人を考えてみましょう。この人が62歳まで厚生年金に加入し、厚生年金の期間を44年にした後被保険者資格を喪失すると、翌月分の年金から定額部分（年額77万3,100円）と加給年金額の対象となる配偶者がいれば、加給年金額（年額38万6,400円）が報酬比例部分にプラスされて支給されます。65歳まで加算が続けば、115万9,500円×3年＝347万8,500円の年金額増加となります。

②60歳未満の配偶者は引き続き第3号被保険者に

引き続き厚生年金に加入することで、配偶者（第3号被保険者）は、そのまま第3号被保険者の資格を継続させることができます。もし、厚生年金に加入しなければ、配偶者は第1号被保険者となり、国民年金の保険料負担が発生します。

③老齢厚生年金が増額する

老齢厚生年金の報酬比例部分は、働いた月数に応じて下記の計算式で計算した額が増額します。

年収×1/12×0.932（再評価率）×5.769/1,000
　　×60歳以後の厚生年金の加入月数×1.031×0.961
＝年収×1/12×60歳以後の厚生年金の加入月数×0.00533
（注）0.00533＝0.932×5.769/1,000×1.031×0.961

なお、60歳時点で厚生年金の加入月数が480月未満の場合は、480月に達するまでの月数に対応した定額部分の金額と経過的加算額が増加します。増加額はどちらも1年の加入で約19,300円（年額）です。

④20年以上になれば、加給年金額加算の可能性も

20年未満の厚生年金の加入期間を20年にすると、加給年金額加算の期間要件を満たすことになります。そのため、加給年金額の加算対象者がいれば加給年金額が加算されます。

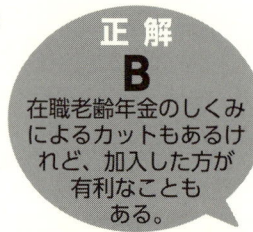

正解 B
在職老齢年金のしくみによるカットもあるけれど、加入した方が有利なこともある。

低い給料で再就職、年金額も下がる？

Q3 60歳以後再就職しますが、給料は半分ぐらいに下がり、賞与もなくなります。厚生年金に加入しますが、低い給料で5年間働くと、給料の平均値が下がるので、年金額も下がるのではないかと心配です。大丈夫でしょうか？

次のうち正しいものを選んでください。
- A　5年間低い収入になると給与等の平均値が下がるので、年金額も下がる
- B　低い給料になって給与等の平均値が下がっても、加入期間が延びるので年金は増額する
- C　給料の額によって違うので、どちらとも言えない

【解 説】

給料が下がり、賞与がなくなれば、平均標準報酬額は下がります。しかし厚生年金の加入月数が延びるので、年金額が下がるということはありません。

60歳以後増加する老齢厚生年金（報酬比例部分）の年間の額は、次の計算式で計算できます。下記の計算式で求めた金額が、必ず増えるので、安心して働いてください。

年収 × 1/12 × 0.932（再評価率）× 5.769/1,000
　　× 60歳以後の厚生年金の加入月数 × 1.031 × 0.961

= 平均月収（賞与含む）× 60歳以後の厚生年金の加入月数 × 0.00533

（注）0.00533 = 0.932 × 5.769/1,000 × 1.031 × 0.961

	61歳	65歳	
	報酬比例部分	老齢厚生年金	
		経過的加算額	
		老齢基礎年金	

　また、増加するのは報酬比例部分だけではありません。定額部分に相当する金額も増加します。定額部分のない世代では、65歳からの老齢厚生年金の経過的加算額として増加します。

　ただし、この増加は厚生年金の期間が480月までの期間分だけに行われます。60歳時点で、480月を超える厚生年金の期間がある人は、老齢厚生年金（報酬比例部分）のみの増加となります。

　定額部分又は、経過的加算額の増加額は、1年の加入で19,300円で、次の計算式で計算できます。

> 定額部分等の増加額＝1,676円×厚生年金の月数×0.961

　また、次の表は、厚生年金の増加額の早見表になっています。例えば、15万円の給料で3年働いた場合は、報酬比例部分は月額2,400円のアップとなります。厚生年金が40年未満の場合は、定額部分のところに記載している額、4,830円が経過的加算額として増加します。（この表では、増加額が端数処理をした月額で表示しているため、×12カ月にして年額と比較した場合に、誤差が生じます。）

◆老齢厚生年金増加概算額早見表　　　　　　　　平成27年3月末まで
[金額は月額表示。報酬比例部分・定額部分：10円未満で四捨五入]

昭和21年4月2日以後生まれの方の場合／定額部分の上限480月（40年）						
平均月収 ＝年収(含む賞与) ×1/12	加入年数	1年	2年	3年	4年	5年
	定額部分	1,610	3,220	4,830	6,440	8,050
70,000	報酬比例	370	750	1,120	1,490	1,870
100,000	報酬比例	530	1,070	1,600	2,130	2,670
150,000	報酬比例	800	1,600	2,400	3,200	4,000
200,000	報酬比例	1,070	2,130	3,200	4,260	5,330
250,000	報酬比例	1,330	2,670	4,000	5,330	6,660
300,000	報酬比例	1,600	3,200	4,800	6,400	8,000
350,000	報酬比例	1,870	3,730	5,600	7,460	9,330
400,000	報酬比例	2,130	4,260	6,400	8,530	10,660
450,000	報酬比例	2,400	4,800	7,200	9,590	11,990

正解　B

第6章　働いたときの年金

家賃収入等も年金のカットに影響？

Q4 在職老齢年金のしくみによる年金のカットには、家賃等の不動産収入や運用による収入、利息等も関係ありますか？
次のうち、正しいものを選んでください。
A 給料の他に収入があれば、すべての収入が在職老齢年金の計算の対象となる
B 給料のみが在職老齢年金の対象となる
C 給料と賞与（過去1年分）が在職老齢年金の対象となる

【解 説】
　在職老齢年金は、「給料」「賞与」「年金月額」を基に計算をします。家賃収入や利息、運用収入等は、在職老齢年金の計算には一切関係ありません。
　では、65歳未満の人の在職老齢年金の計算について、もう少し詳しく説明しましょう。在職老齢年金の受給額は、「総報酬月額相当額」と「年金月額」で決定されます。「総報酬月額相当額」とは、給料（標準報酬月額）と過去1年の賞与（標準賞与額）の総額の1/12の合計額です。「年金月額」とは加給年金額を除いた年金の1/12の額で、具体的には次のようなルールがあります。
① 「総報酬月額相当額」と「年金月額」の合計が28万円（65歳以上の人は46万円。以下同じ。）以下の場合は全額受給できます。（次の図の左側参照）
② 「総報酬月額相当額」と「年金月額」の合計が28万円を超える場合は超えた額の1/2の額が支給停止されます。（次の図の右側参照）
③ 「総報酬月額相当額」が46万円を超える場合は、46万円を超える額

についてもさらに支給停止されます。

④ 加給年金額は、加算される時点で、老齢厚生年金が1円でも支給されれば、全額が加算されます。全額支給停止の場合は、加給年金額も加算されません。

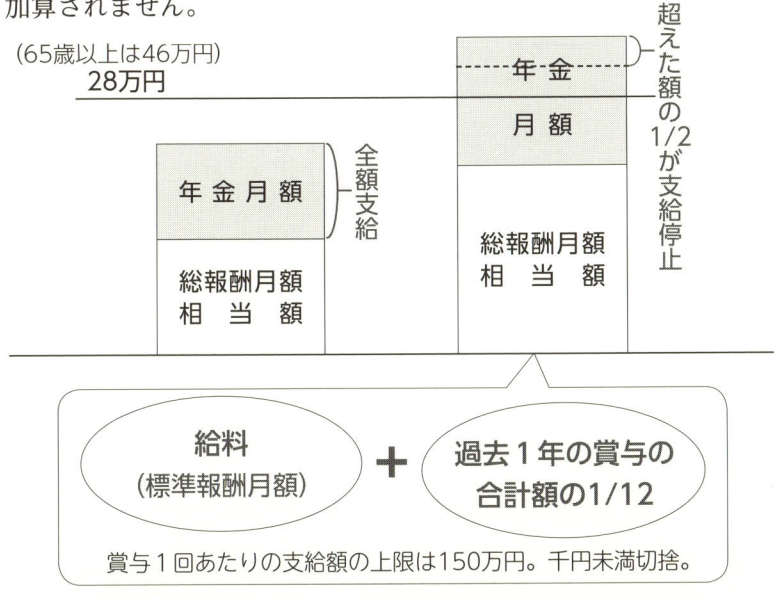

(65歳以上は46万円)
28万円

年金月額／総報酬月額相当額 → 全額支給

年金月額／総報酬月額相当額 → 超えた額の1/2が支給停止

給料（標準報酬月額） ＋ 過去1年の賞与の合計額の1/12

賞与1回あたりの支給額の上限は150万円。千円未満切捨。

基本月額	総報酬月額相当額	支給停止額
28万円以下	46万円以下	① (総報酬月額相当額＋基本月額－28万円)×1/2
28万円以下	46万円超	② (46万円＋基本月額－28万円)×1/2 ＋ (総報酬月額相当額－46万円)
28万円超	46万円以下	③ 総報酬月額相当額×1/2
28万円超	46万円超	④ (46万円×1/2) ＋ (総報酬月額相当額－46万円)

在職老齢年金の支給停止額を求める式は、基本月額や総報酬月額相当額により、上表の4つがありますが、①が最もよく使われるものです。

正解 C

第6章 働いたときの年金　127

在職老齢年金の額は？

Q5 在職老齢年金の額は、一度決まるとずっと一定の金額ですか？

次のうち、正しいものを選んでください。
- A 給料（標準報酬月額）が変わらなくても、支給される年金額が変わることがある
- B 給料（標準報酬月額）が変わらない限り、支給される年金額は同じである
- C 最初に決定された金額がそのまま支払われ、改定されない

【解 説】

在職老齢年金の計算に使う「総報酬月額相当額」の内訳は、「給料（標準報酬月額）＋過去1年の賞与（標準賞与額）の総額の1/12」となっていて、賞与が在職老齢年金の額に影響していることがわかります。60歳で定年を迎えて年金を受給する人は、60歳到達直後の総報酬月額相当額に現役時代の高かった賞与が含まれるため、再就職で給料が低減しても、年金が全額支給停止となるケースが多くみられます。

しかし、月の経過とともに、過去1年の範囲から現役時代の賞与がはずれていきますので、総報酬月額相当額は下がっていき、下がった額の1/2に相当する額の年金が増えます。

では、在職老齢年金の額の変化を事例で見てみましょう。

《事例》
- 昭和29年1月11日生まれの男性　➡平成26年1月に60歳到達
- 60歳で定年退職し、引き続き再就職
  給与：24万円
  賞与：60歳の6月24万円・12月36万円

128

　　　　　61歳の6月12万円・12月18万円
　・61歳（平成27年2月分）から報酬比例部分（月額12万円）の受給開始
　・厚生年金に加入しているため在職老齢年金のしくみにより、年金がカットされる

① まず、年金の支給開始時点の平成27年2月を見てみましょう。
   ・在職老齢年金の受給額dの計算式
     ＝基本月額－（総報酬月額相当額＋基本月額－28万円）×1/2
   ・2月の総報酬月額相当額a
     ＝24万円＋（24万円＋36万円）/12月＝29万円
   ・受給額d＝12万円－（29万円＋12万円－28万円）×1/2
     ＝55,000円

② 次に、平成27年6月を見てみましょう。
   　5月までは受給額が55,000円ですが、6月からは年金額が変わります。その理由は、6月になると過去1年の範囲に含まれる賞与の額が24万円から12万円になり、総報酬月額相当額が変わるからです。
   ・6月の総報酬月額相当額b
     ＝24万円＋（36万円＋12万円）/12月＝28万円
   ・受給額e＝12万円－（28万円＋12万円－28万円）×1/2
     ＝60,000円

③ では、この次に年金額が変わるのはいつでしょうか？
   　そう、平成27年12月となりますね。12月時点で、前年12月の賞与36万円が過去1年の賞与からはずれ、新たに8万円の賞与となるため、在職老齢年金が改定されます。
   ・在職老齢年金の受給額dの計算式
     ＝基本月額－（総報酬月額相当額＋基本月額－28万円）×1/2
   ・12月の総報酬月額相当額c
     ＝24万円＋（12万円＋18万円）/12月＝265,000円
   ・受給額f＝12万円－（265,000円＋12万円－28万円）×1/2
     ＝67,500円

第6章　働いたときの年金

年　月	標準報酬月額	標準賞与額	総報酬月額相当額	在職老齢年金(受給額)
H26年 2月	24万円			
3月	24万円			
4月	24万円			
5月	24万円			
6月	24万円	24万円		
7月	24万円			
8月	24万円			
9月	24万円			
10月	24万円			
11月	24万円			
12月	24万円	36万円		
H27年 1月	24万円			
2月（年金支給）	24万円		ⓐ 290,000円	ⓓ 55,000円
3月	24万円			
4月	24万円		−10,000円	+5,000円
5月	24万円			
6月	24万円	12万円	ⓑ 280,000円	ⓔ 60,000円
7月	24万円			
8月	24万円			
9月	24万円		−25,000円	+12,500円
10月	24万円			
11月	24万円			
12月	24万円	18万円	ⓒ 265,000円	ⓕ 67,500円

（過去1年の範囲：ⓐ、ⓑ、ⓒ）

このように在職老齢年金の金額は、給料が同じでも過去1年に支払われた賞与の額によって、変わってきます。

正解　**A**

130

第7章 雇用保険からの給付

高年齢雇用継続基本給付金とは？

Q1 高年齢雇用継続基本給付金（以下、給付金と言います。）について、次のうちで、正しいものを選んでください。

A 給付金は、60歳以後の再就職で給料が大きく下がった場合に受給できる

B 給付金を受けることができるのは、厚生年金の被保険者のみである

C 給付金の受給手続きは、年金事務所で行う

【解説】

給付金は雇用保険からの給付で、60歳以後の再就職で、給料が大きく下がった場合に受給できます。

受給要件は次のようになっています。

高年齢雇用継続基本給付金《受給要件》

①受給対象月の賃金が60歳到達時賃金の75％未満

②60歳到達日までに雇用保険の被保険者期間が5年以上ある
　（5年に満たない時は、5年以上になった時点から）

③基本手当を受給することなく、雇用保険の被保険者として働く

④最長で60歳到達月から65歳到達月までの間受給できる

---

①再就職先での給料が、60歳到達時賃金の75％未満に低下

- 「60歳到達時賃金」とは、60歳に到達するまでの6カ月間に受けた給料の平均値です。雇用保険では、給料ではなく賃金と言いますが、同じ意味です。
- 例えば、S社で退職前の数年間の給料は34万円。T社での給料は19.5万円のWさんの給料低下率は、

T社の給料（19.5万円）÷ S社の給料（34万円）＝ 57.35％ ＜ 75％

であり、75％未満の要件は満たしています。

- 給付金の支給申請は、勤務先を管轄するハローワークで2カ月に1回、再就職先の会社が行うことになっています。

② 60歳到達日までに雇用保険の被保険者期間が5年以上あり、現在も雇用保険の被保険者であること

- 60歳到達時点で5年未満のときは、その後5年に達した時点以後支給対象となります。

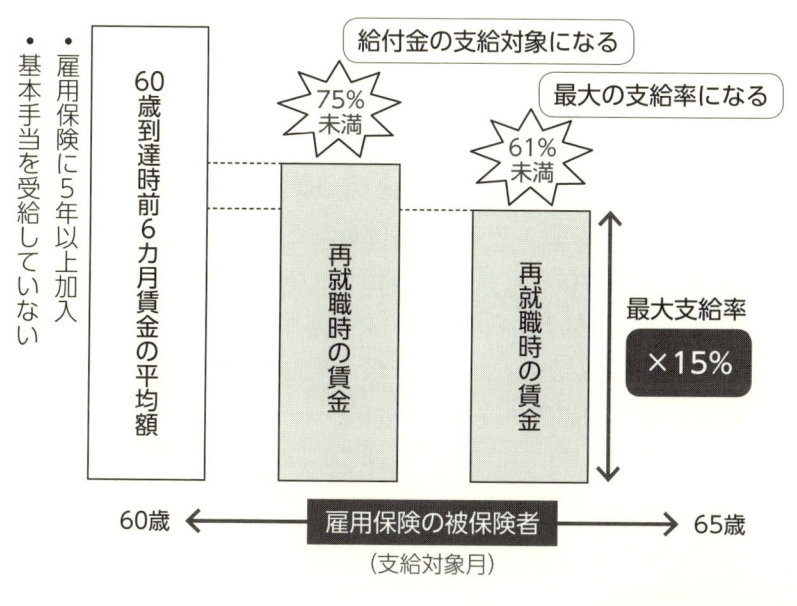

図中のラベル：
- 基本手当を受給していない
- 雇用保険に5年以上加入
- 60歳到達時前6カ月賃金の平均額
- 給付金の支給対象になる（75％未満）
- 再就職時の賃金
- 最大の支給率になる（61％未満）
- 再就職時の賃金
- 最大支給率 ×15％
- 60歳 ← 雇用保険の被保険者（支給対象月）→ 65歳

正解 A

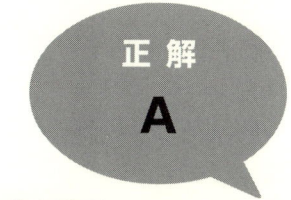

B 厚生年金→雇用保険　C 年金事務所→ハローワーク

高年齢雇用継続基本給付金は、いくら受給できる？

Q2 給付金の額について、次のうち正しいものを選んでください。

A 給料の低下率にかかわらず、再就職先での給料の15％相当額が支給額となる

B 再就職等で給料が低下した場合は、その差額分が給付金の額となる

C 給料の低下率が61％未満の時は、再就職先での給料の15％相当額が支給額となる

【解説】

再就職先での給料が60歳到達時賃金（60歳到達前6カ月間の給料の平均値）の75％未満に低下すると、給付金の支給対象となります。61％未満に低下した場合は、給料の15％相当額が給付金の額となります。75％から61％までの低下率の場合は、支給率が0％から15％まで逓増していきます。このことから、給付金を最大限生かした再就職時の給料設定をするならば、60歳到達時の給料の61％相当額が一つの目安になります。

なお、給付金の支給額を算出する際には、標準報酬月額は使わず、再就職（60歳）以後の給料の額そのものを使用します。

では、次の事例で給付金の額を考えてみましょう。

Wさんは、再就職先のT社での給料は、19.5万円です。元勤務先のS社での給料は34万円でしたので、61％未満に低下しているため、再就職の給料の15％にあたる29,250円（19.5万円×15％）が給付金として支給されます。

なお給付金支給には、限度額が設けられています。例えば、60歳到達時の給料が100万円であった人が、60歳以降60万円に低下したからと

いって、60万円×15％＝9万円受給できるわけではありません。給料と給付金の合計額が341,542円が支給限度額となります。50万円の給料だと、給付金は受けられません。

◆高年齢雇用継続基本給付金の支給率

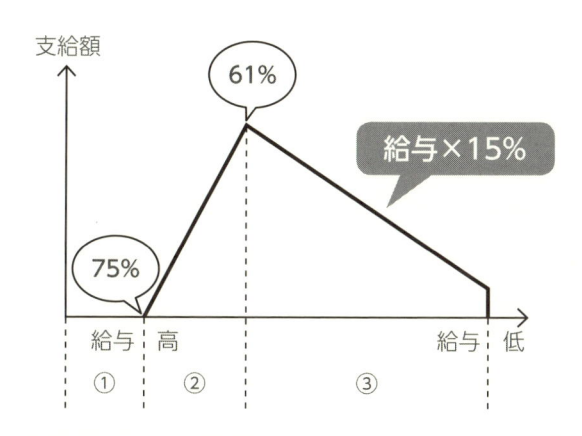

①給料の低下率が75％以上の場合
　高年齢雇用継続基本給付金は支給要件である「75％未満に低下」に該当しないため不支給です。
②給料の低下率が61％以上75％未満の場合
　75％未満になると給付金の支給が始まり、支給率は０％から徐々に大きくなり、低下率が61％の時に最大の支給率15％となります。
③給料の低下率が61％未満の場合
　給付金の支給率は15％に固定されます。そのため給料が下がる程、給付金の額が低下します。

正解　C

高年齢雇用継続基本給付金と特別支給の老齢厚生年金の調整

Q3 高年齢雇用継続基本給付金を受給すると、特別支給の老齢厚生年金はカットされますか？

次のうち正しいものを選んでください。

A 厚生年金の被保険者であるのか、ないのかにかかわらず、年金の一部がカットされる
B 厚生年金の被保険者の場合は、年金の一部がカットされる
C 厚生年金の被保険者であるのか、ないのかにかかわらず、年金はカットされない

【解説】

厚生年金の被保険者が、給付金を受給すると特別支給の老齢厚生年金が調整され、年金の一部がカットされます。厚生年金の被保険者でなければ、給付金を受給しても調整は行われず、年金は全額受給できます。

1週間に30時間以上働く場合は、厚生年金と雇用保険の両方に加入しますので、調整が行われます。1週間に20時間以上30時間未満で働く場合は、雇用保険のみに加入します。そのため、高年齢雇用継続基本給付金は受給できますし、年金も全額受け取ることができます。

◆1週間の所定労働時間の目安

	20時間	30時間	40時間
雇用保険・厚生年金適用除外	雇用保険のみ加入	雇用保険・厚生年金ともに加入	

厚生年金に加入している場合の年金の停止率は、給料の低下率によって、「標準報酬月額×0.18～6％」の額が支給停止となります。給付金の額は、給料をもとに計算しますが、年金の支給停止額は、標準報酬月額（等級表はP64参照）をもとに計算する点に注意してください。

　再就職による給料の低下率と給付金の支給率、厚生年金に加入した場合の停止率は、次のようになります。

◆給付金の支給額・年金の停止額

賃金の低下率	基本給付金の支給額 （雇用保険の被保険者に限る）	年金の停止額 （厚生年金の被保険者に限る）
61％未満	60歳以後の賃金×15％	60歳以後の標準報酬月額×6％
61％以上75％未満	60歳以後の賃金×15％ ×逓減率	60歳以後の標準報酬月額 ×6％×逓減率
75％以上	不支給	対象外

　では、次の事例で、厚生年金に加入した場合の停止額を考えてみましょう。

　Wさんは、元勤務先のS社での給料は34万円で、再就職先のT社での給料は19.5万円です。再就職による給料の低下率は、61％未満になりましたので、給付金の額は19.5万円×15％＝29,250円です。

　次に厚生年金に加入していることによる支給停止額は、再就職以後の標準報酬月額の6％に当たるため、標準報酬月額（20万円）×6％＝12,000円となります。

　このように給付金の受給による年金の停止額を算出する際には、給料ではなく、標準報酬月額（P64参照）を使用します。また、厚生年金に未加入の場合は、給付金を受給しても年金は全額支給となりますので、この点も注意してください。

正解 B

第7章　雇用保険からの給付

基本手当の受給

Q4 退職後、基本手当を受け取る場合の説明のうち、正しいものはどれですか？

次のうち正しいものを選んでください。
- A 基本手当を受給するには、住所地を管轄する年金事務所で「求職の申込み」の手続きをする
- B 雇用保険の加入期間は、転職した場合、基本手当を受けなくても通算されることはない
- C 基本手当の支給日数（所定給付日数）は、倒産・解雇の場合の方が、定年退職の場合よりも多い日数である

【解 説】

基本手当は、一般的には失業給付と呼ばれていますが、正式には基本手当と言います。基本手当を受け取るためには、失業（働く意思と能力があるにもかかわらず、就業場所がない。）の状態であることが条件です。

基本手当の受給希望者は、住所地を管轄するハローワーク（公共職業安定所）に、退職した会社から受け取った「離職票」等を提出の上、「求職の申込み」を行わなければなりません。

さて、基本手当が受給できる期間（所定給付日数）を決める条件には、次のようなものがあります。

①退職（離職）の理由
- 倒産、解雇等の場合
  ➡再就職の準備をする時間的余裕がないため、給付日数は手厚くなっています。
- 定年、自己都合等の場合
  ➡事前に再就職の準備をすることが可能なため、給付日数は少なめ

です。

②雇用保険の加入期間
- 雇用保険の被保険者であった期間により、給付日数は区分されています。
- 転職者の場合、転職前と転職後の加入期間が通算されることがあります。

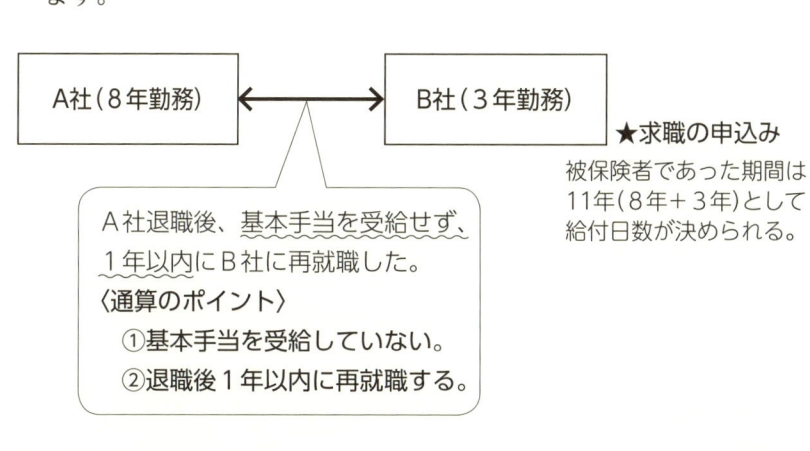

A社（8年勤務）⇔ B社（3年勤務）

★求職の申込み
被保険者であった期間は11年（8年＋3年）として給付日数が決められる。

A社退職後、基本手当を受給せず、1年以内にB社に再就職した。
〈通算のポイント〉
①基本手当を受給していない。
②退職後1年以内に再就職する。

③退職（離職）時の年齢
- 基本手当は65歳未満の退職者が対象で、退職時の年齢により、給付日数は区分されています。
- 65歳以上の退職者は、高年齢求職者給付金（雇用保険の被保険者であった期間が1年未満の場合は30日分、1年以上の場合は50日分が一括支給。）の対象となります。

正解 C

Aは、年金事務所→ハローワーク
Bは、1年以内に再就職すれば、通算される。

第7章 雇用保険からの給付

【参考】所定給付日数の一覧

●定年、自己都合等の場合（全年齢）

被保険者であった期間	所定給付日数
1年以上10年未満	90日
10年以上20年未満	120日
20年以上	150日

●倒産、解雇等の場合

離職時の年齢	被保険者であった期間					
	1年未満	1年以上5年未満	5年以上10年未満	10年以上20年未満	20年以上
30歳未満	90日	90日	120日	180日	―
30歳以上35歳未満	90日	90日	180日	210日	240日
35歳以上45歳未満	90日	90日	180日	240日	270日
45歳以上60歳未満	90日	180日	240日	270日	330日
60歳以上65歳未満	90日	150日	180日	210日	240日

●障がい者等の就職困難者の場合

離職時の年齢	被保険者であった期間	
	1年未満	1年以上
45歳未満	150日	300日
45歳以上65歳未満	150日	360日

基本手当の額について

Q5 基本手当日額について、次のうち正しいものを選んでください。
A 基本手当日額を算出するもとになる賃金日額は、退職前6カ月の給料（通勤手当等各種手当・賞与を除く）の総額を180日で割って求める
B 基本手当日額は、賃金日額に年齢による給付率を掛けて求める

【解 説】

基本手当の支給額は、次のようにして求めます。

①賃金日額を算出する

　離職票（雇用保険に加入していた人には、退職時に会社から交付されます。）から、勤務していた間の日給（賃金日額）を求めます。

　賃金日額は、退職前6カ月間の給料の総額を180日で割って求めます。給料には通勤手当・寒冷地手当・家族手当等、各種手当を含めて計算します。ただし、賞与は賃金日額の計算の際には除きます。

$$賃金日額 = \frac{退職前6カ月間の給料の総額（通勤手当等各種手当を含む・賞与は除く）}{180日}$$

H25 9月分給料	10月分	11月分	賞与	12月分	H26 1月分	2月分	3月分
38万円	32万円	33万円	~~50万円~~	34万円	27万円	28万円	26万円

180万円 ÷ 180日 = 1万円（賃金日額）

第7章 雇用保険からの給付　141

②基本手当日額を決定する

　賃金日額に、年齢等により定められた給付率を掛けて支給額を決定します。

$$賃金日額 × 給付率 = 基本手当日額$$

　　・60歳未満　　　　　：50%～80%
　　・60歳以上65歳未満：45%～80%

　なお、離職時の年齢により、支給額等には上限額が定められています。平成26年4月現在で、支給額の上限は201,690円、賃金月額の上限は448,200円です。

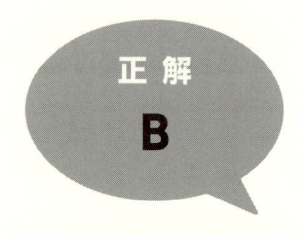

正解 **B**

◆基本手当日額目安表　　　　　　　　　　60歳以上65歳未満

月　　収	基本手当日額	基本手当の月額合計額
69,300	1,848	55,440
90,000	2,400	72,000
120,000	3,200	96,000
130,000	3,466	103,980
140,000	3,717	111,510
150,000	3,884	116,520
160,000	4,037	121,110
170,000	4,177	125,310
180,000	4,305	129,150
190,000	4,419	132,570
200,000	4,519	135,570
210,000	4,554	136,620
220,000	4,570	137,100
230,000	4,587	137,610
240,000	4,604	138,120
250,000	4,620	138,600
260,000	4,637	139,110
270,000	4,654	139,620
280,000	4,670	140,100
290,000	4,687	140,610
300,000	4,704	141,120
310,000	4,720	141,600
320,000	4,799	143,970
330,000	4,950	148,500
340,000	5,099	152,970
350,000	5,249	157,470
360,000	5,400	162,000
370,000	5,549	166,470
380,000	5,699	170,970
390,000	5,850	175,500
400,000	5,999	179,970
410,000	6,149	184,470
420,000	6,300	189,000
430,000	6,449	193,470
448,200以上	6,723	201,690

（H25.8.1～H26.7.31の金額）

第7章　雇用保険からの給付

特別支給の老齢厚生年金と基本手当は調整される？

Q6 私は、61歳から特別支給の老齢厚生年金が受け取れることになっています。61歳になるまでは年金が受給できないので、働くつもりですが、61歳で退職したら雇用保険の基本手当が受け取れると聞きました。年金と基本手当は、両方受け取れるのでしょうか？

次のうち正しいものを選んでください。

A 特別支給の老齢厚生年金と基本手当は両方受け取れる
B 特別支給の老齢厚生年金を受け取ることができる人は、基本手当は受け取れない
C 特別支給の老齢厚生年金と基本手当はどちらか一方を選んで受け取る

【解 説】

基本手当と65歳未満の間受給できる特別支給の老齢厚生年金（退職共済年金）は、その両方を受け取ることはできません。どちらか有利な方を選んで受け取ります。

基本手当を選択する場合は、ハローワークで求職の申込み（基本手当を受け取るための手続き）を行います。求職の申し込みをしない場合は、年金が支給されます。どちらを選ぶのかは、金額を比較して決めます。年金額の方が有利になる可能性があるのは、長期加入者・障害者の特例により年金を受給するケースです。

基本手当を選択した場合は、年金は支給停止となります。

支給停止の期間は、求職の申込みをした月の翌月から、次のどちらかの早い時期までとなります。

① 基本手当の所定給付日数の受給が満了した月

② 基本手当の受給期間（原則、退職日の翌日から1年間）が満了した月

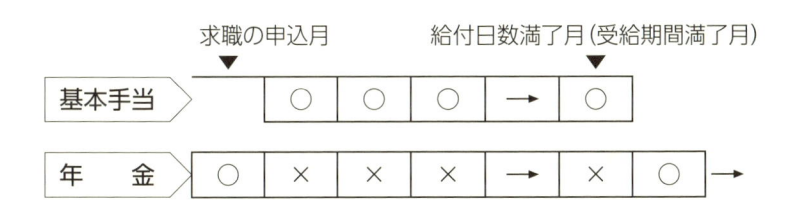

```
                 求職の申込月        給付日数満了月(受給期間満了月)
                    ▼                      ▼
基本手当 〉     │ ○ │ ○ │ ○ │ → │ ○ │
年  金  〉│ ○ │ × │ × │ × │ → │ × │ ○ │→
```

　なお、基本手当と調整されるのは、特別支給の老齢厚生年金と特別支給の退職共済年金のみです。障害年金や遺族年金は、基本手当を受給しても全額受け取ることができます。
　また、支給の停止と再開はすべて自動的に行われますので、ご本人の手続きは不要です。

正解 C

第7章　雇用保険からの給付　145

高年齢雇用継続基本給付金と基本手当

Q7 定年退職後の再就職先が決まっていないので、基本手当を受給しようと思っています。受給後に再就職した場合でも高年齢雇用継続基本給付金は受け取れますか？
次のうち、正しいものを選んでください。
A 基本手当を受けても、高年齢雇用継続基本給付金を受けることはできる
B 基本手当を受けると高年齢雇用継続基本給付金を受けることはできない

【解 説】

　高年齢雇用継続基本給付金の受給要件には「基本手当を受給していないこと」があり、基本手当を受給してしまうと、給付金を受け取ることはできません。

　ただし、基本手当の所定給付日数を100日以上残して再就職（雇用保険加入）した場合は、要件を満たせば「高年齢再就職給付金」が受給できます。

　この給付金の受給要件は「高年齢雇用継続基本給付金」とほとんど同じです。しかし、受給できる期間は「高年齢雇用継続基本給付金」が、60歳以上65歳未満の間で最大5年間であるのに対し、「高年齢再就職給付金」は、所定給付日数の残日数が200日以上の場合は2年間、100日以上200日未満の場合は1年間と短くなってしまいます。雇用保険の加入が20年以上で、定年退職した場合の基本手当の所定給付日数は150日ですので、50日基本手当を受け取ってしまうと、1年間しか「高年齢再就職給付金」は受け取れません。これらのことを踏まえた上で、基本手当を受け取るかどうかを検討しましょう。

なお、基本手当は給付金を受給した後であっても、65歳に達する前に退職すれば受け取ることができます。

正解
B

第8章　遺族の給付

遺族の範囲は？

Q1 遺族年金を受け取ることができる遺族の範囲は、遺族基礎年金と遺族厚生年金では同じでしょうか？
次のうち、正しいものを選んでください。
A　遺族基礎年金と遺族厚生年金の遺族の範囲は、同じである
B　遺族基礎年金の遺族の範囲の方が、遺族厚生年金より広い
C　遺族厚生年金の遺族の範囲の方が、遺族基礎年金より広い

【解　説】

　遺族年金を受け取ることができる遺族の範囲は、遺族基礎年金と遺族厚生年金では異なっています。

	遺 族 の 範 囲
遺族基礎年金	「子のある配偶者」「子」
遺族厚生年金	1.配偶者・子　　2.父母　　3.孫　　4.祖父母

　遺族基礎年金の遺族は、「子のある配偶者」と「子」（子のない配偶者は、遺族となりません。）ですが、遺族厚生年金では、「配偶者・子」「父母」「孫」「祖父母」と広い範囲の人が遺族になっています。

　年金でいう「子」とは、「18歳年度末までの間にある子」「障害等級1・2級に該当する障害の状態にある20歳未満の子」でいずれも未婚の子です。

　「配偶者」には妻と夫が含まれます。従前は「子のある妻」又は「子」が遺族でしたが、平成26年4月1日からの改正により、「子のある配偶者」又は「子」に改められました。つまり妻が死亡した場合、生計維持関係にあった、子のある夫は年齢にかかわらず、遺族基礎年金の受給権が発生し、受給を開始します。妻が遺族厚生年金を残さなければ、話は

これで終わりです。

　しかし、遺族厚生年金も残した場合は、ちょっと複雑になります。と言うのも遺族厚生年金は、妻の死亡当時「55歳以上の夫」という年齢制限があります。この年齢制限は、父母、祖父母が遺族になる場合も同様で、実際の支給は60歳からとなります。つまり、夫、父母、祖父母は、死亡者の死亡当時、55歳以上の場合は受給権を得ますが、60歳までは支給停止となります。ところが、夫については55歳以上60歳未満の間でも、遺族基礎年金の受給権のある期間については、例外として遺族厚生年金も支給されることになっています。

　共働きの夫婦で妻が死亡し、16歳の子と56歳の夫が残された場合の年金の流れで確認してみましょう。

① 　夫が遺族基礎年金と遺族厚生年金を受給します。

　　夫は妻の死亡当時、55歳以上なので、遺族厚生年金の受給権が発生します。通常ですと60歳までは支給停止となりますが、夫に遺族基礎年金の受給権があるので、その間遺族厚生年金も夫に支給されます。

② 　夫と子の遺族基礎年金は、子が18歳年度末になると失権します。その時点で夫は60歳に達していませんので、60歳になるまで、夫の遺族厚生年金が支給停止になります。

③ 　夫が60歳になった時点から報酬比例部分の受給開始年齢までの間は、遺族厚生年金の支給停止が解除になり、受給再開となります。

④ 　夫の報酬比例部分の受給開始の時点から65歳に到達するまでの間は、遺族厚生年金と報酬比例部分のどちらか一方を選択することになります。

⑤ 　65歳からは、夫は自身の老齢厚生年金を受給し、妻の遺族厚生年金の方が高い場合には、差額分が受給できます。

正解 C

第8章　遺族の給付

改正情報　夫にも遺族基礎年金が支給される!!

【施行日：平成26年4月1日】

　従前、遺族基礎年金を受給できる遺族は、生計維持関係にあった「子のある妻」又は「子」であって、夫は遺族の範囲に含まれていませんでした。つまり遺族基礎年金は、夫の死亡により、妻と子が残されて母子家庭状態となった場合又は子だけが残された場合に支給されていたのです。

　これは、遺族基礎年金が、「①妻が主な働き手である夫を失って、生活の途をなくし、かつ、②未成年の子を抱え、働くことが困難である場合に生活保障する」ことを支給目的として定められていたからです。

　妻が死亡して子と夫が残されても、従前の法律では、夫は遺族基礎年金を受給できませんでした。では、この場合には、子が遺族基礎年金を受け取れるのかというと、「生計を同じくするその子の父がいる場合は、子の遺族基礎年金は支給停止する」というルールがあり、子が父と一緒に住んでいる間は、子も受け取ることはできませんでした。つまり妻が亡くなったことによる遺族基礎年金は、誰も受け取ることができない状態となっていたのです。父に生計を維持されていれば、子の生活は保障されると考えられたため、このように定められていたのですね。

　しかし、今では夫と妻のどちらも働いている、いわゆる共働き世帯が増えて、平成24年には1,054万世帯となり、片働き世帯787万世帯を大きく超えています。かつては、一家の大黒柱といえば夫でしたが、現在では多くの家庭が、夫と妻の2本の大黒柱で家計を支えているという状況です。このように妻も大黒柱になっていることが認められ、妻の死亡に対して「子のある夫」が遺族基礎年金を受給することができる改正が、平成26年4月1日から行われました。

　遺族基礎年金の受給権者の範囲は、『「子のある妻」又は「子」』から『「子のある配偶者」又は「子」』に改正され、妻が死亡し子のある夫が残された場合には、夫に遺族基礎年金が支給されることになりました。

遺族基礎年金の受給期間は？

Q2 自営業者の夫が亡くなり、子供（長男15歳・二男12歳・三男10歳で全員健常者）と妻が残されました。遺族基礎年金は、いつまで受け取ることができますか？
次のうち、正しいものを選んででください。
A　妻は、遺族基礎年金を終身受給することができる
B　妻は、遺族基礎年金を三男が18歳年度末に達するまでの間、受給することができる
C　妻は、遺族基礎年金を三男が20歳に達するまでの間、受給することができる

【解　説】
　遺族基礎年金を受給することができる遺族は、「子のある配偶者」と「子」です。
　年金でいう「子」とは、「18歳年度末までの間にある子」「障害等級1・2級に該当する障害の状態にある20歳未満の子」でいずれも未婚の子とされています。そのため、子の成長に伴い、遺族基礎年金の額は変わってゆきます。
　次の図は、自営業の夫が、3人の子供と妻を残して亡くなった場合の遺族基礎年金の額の変化です。夫が死亡当時に3人の子供がいた妻は、遺族基礎年金の基本年金額に3人分の子の加算額がプラスされた年金額で受給がスタートします。
　その後、長男が18歳年度末を迎えると子の加算額のうち74,100円が減額されます。次に二男が18歳年度末を迎えると子の加算額のうち222,400円が減額されます。そして三男が18歳年度末を迎えると、子の加算がなくなるだけではなく、妻は「子のない妻」となるため、遺族基

第8章　遺族の給付　153

礎年金は失権します。

◆遺族給付の流れ

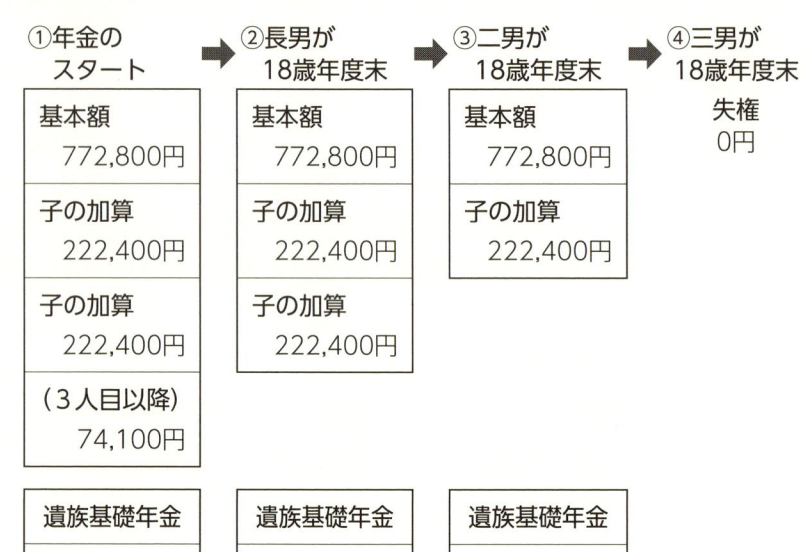

①年金の
スタート

基本額
772,800円

子の加算
222,400円

子の加算
222,400円

（3人目以降）
74,100円

遺族基礎年金
1,291,700円

➡ ②長男が
18歳年度末

基本額
772,800円

子の加算
222,400円

子の加算
222,400円

遺族基礎年金
1,217,600円

➡ ③二男が
18歳年度末

基本額
772,800円

子の加算
222,400円

遺族基礎年金
995,200円

➡ ④三男が
18歳年度末

失権
0円

正解 **B**

第3号被保険者の妻が死亡、遺族基礎年金は？

Q3 専業主婦の妻（45歳。国民年金の第3号被保険者）が亡くなり、夫（前年の年収800万円）と子供2人（15歳と12歳）が残されました。遺族基礎年金はどうなるでしょうか？次のうち正しいものを選んでください。
　A　夫と子が遺族基礎年金を1/3ずつ受給する
　B　子のみが遺族基礎年金を受給する
　C　夫と子に遺族基礎年金の受給権が発生するが、夫が遺族基礎年金の受給権を持っている間は、子の年金は支給停止となり、夫が遺族基礎年金を受給する

【解　説】
　平成26年4月1日の改正により、同日以後の妻の死亡について、遺族基礎年金を受給できる遺族は、「子のある配偶者」つまり子のある「夫」又は「妻」と「子」になりました。
　この問題のケースでは、夫と2人の子に遺族基礎年金の受給権が発生します。では、3人が3分の1ずつ遺族基礎年金を受給するのかというと、そのようにはなりません。夫が2人分の子の加算が付いた遺族基礎年金の全額受け取ります。これは、「遺族基礎年金を受け取る権利がある夫がいる場合は、子の遺族基礎年金は支給停止となる。」からです。
　なお、夫に支給される遺族基礎年金は、基本の額772,800円＋2人分の子の加算額（222,400円×2人）の額となります。

正解　C

第8章　遺族の給付　155

遺族基礎年金の亡くなった人の要件は？

Q4 次の人の中で、亡くなった場合に「遺族基礎年金の死亡した人の要件」を満たすことができるのは、どの人でしょうか？

A 18歳の厚生年金の被保険者
B 63歳の自営業者で65歳から老齢基礎年金を受給する予定の人
C 63歳の自営業者で60歳から老齢基礎年金を繰上げ受給をしている人
D 現在50歳の人で、25年の保険料を納めた期間はあるが、最近5年間は滞納している人

【解 説】

遺族基礎年金の亡くなった人の要件は、次の4つです。

	死亡した人の要件（いずれかに該当すれば可）
遺族基礎年金 （国民年金制度 から支給）	①国民年金の被保険者の死亡（★）
	②60歳以上65歳未満の被保険者であった人が日本国内に住所を有する間に死亡（★）
	③老齢基礎年金の受給権者である人の死亡
	④老齢基礎年金の受給資格期間を満たしている人の死亡

（★）死亡日の前日において一定の保険料納付が必要

　選択肢Aは、厚生年金の被保険者ですので、国民年金も第2号被保険者として加入しているので、要件①に該当します。
　Bは要件②に、Cは③に該当します。Dですが、最近5年間滞納という点が気になりますね。しかし、保険料納付要件が問われるのは、要件①と②の場合のみです。Dのケースは、すでに25年の受給資格期間を満

156

たしている人なので、④に該当し、保険料納付要件には関係なく、亡くなった人の要件をクリアしています。

ところで私たちは、いつからいつまでの間、遺族基礎年金を残すことができるのでしょうか。亡くなった人の要件を図にしてみると、よくわかります。

保障の始まりは原則、20歳。20歳より前に就職して厚生年金又は共済年金に加入した場合は、その時点からとなります（要件①の部分です。）。その後、受給資格を得る25年の加入期間を満たすまでは、保険料の納付状況が問われます。受給資格期間を満たした後は、60歳で国民年金の加入が終了した後も、要件②で保障されます。保障は、老齢基礎年金の受給終了(要件③)まで、つまり、寿命をまっとうするまで続きます。

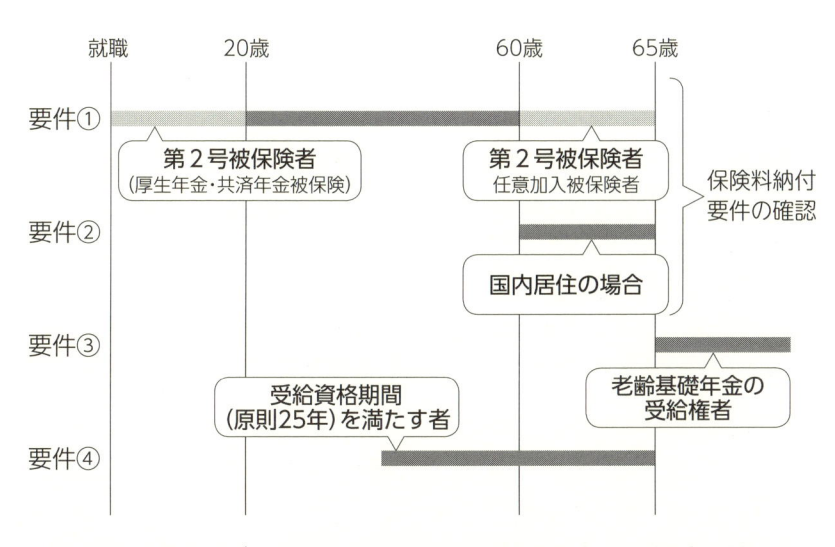

	就職	20歳		60歳	65歳	
要件①		第2号被保険者 (厚生年金・共済年金被保険)		第2号被保険者 任意加入被保険者		保険料納付 要件の確認
要件②				国内居住の場合		
要件③					老齢基礎年金の 受給権者	
要件④		受給資格期間 (原則25年)を満たす者				

これを言い換えれば、20歳又は20歳前の就職時点から保障は始まり、その後いつ亡くなっても、保険料さえきちんと支払っていたら、ずっと遺族基礎年金の保障はついている状態だということです。ただし、実際に支給されるかどうかは別問題で、遺族基礎年金は、子供がいないと支給されません。

正解
ABCDの
全員該当する

第8章 遺族の給付

遺族厚生年金の遺族の範囲は？

Q5 遺族厚生年金について、次のうち正しいものを選んでください。

A 夫が死亡した場合、妻は子がいなくても遺族厚生年金を受け取ることができる

B 夫は妻が死亡した当時60歳以上でなければ、遺族厚生年金を受給する権利が発生しない

C 55歳以上の父母・祖父母も遺族の範囲ではあるが、実際の受給は65歳からとなる

【解 説】

遺族厚生年金の遺族のうち、夫・父母・祖父母については、遺族になるための年齢制限と実際の支給開始年齢が決められています。まとめてみると、次のようになります。

① 遺族厚生年金は子がいなくても受け取ることができ、妻の場合は、他の遺族のような年齢制限はありません。ただし、夫の死亡当時、30歳未満で子のない妻に対する遺族厚生年金は、5年の有期年金となります。

② 夫・父母・祖父母の場合は、被保険者等の死亡当時、55歳以上でなければ受け取る権利は発生しません。また、夫・父母・祖父母が遺族厚生年金を実際に受け取ることができるのは、原則60歳以後からで、55歳から60歳までの間は支給されません。

正解 A

過去に厚生年金の期間がある夫の死亡、遺族厚生年金は？

Q6 私（59歳）は、約30年間のサラリーマン生活（厚生年金に加入）の後農業に転向し8年になります。以来、国民年金に加入しています。子供は成人して、妻と二人暮らしです。私にもしものことがあった場合、妻に遺族の年金は支給されるのでしょうか？
次のうち正しいものを選んでください。
A　妻は遺族基礎年金を受給できる
B　妻は遺族厚生年金を受給できる
C　妻は遺族基礎年金と遺族厚生年金を受給できる

【解説】

遺族厚生年金は、亡くなった人が下記のいずれかの要件に該当していた場合、遺族に支給されることになっています。

夫は、現在⑤の要件に該当するので、万一の時には、妻は遺族厚生年金を受け取ることができます。なお、⑤の要件の「老齢厚生年金の受給に必要な加入期間の要件」とは、受給資格期間のことで、国民年金と厚生年金の加入期間が、合計で原則25年以上あれば、受給資格期間を満たしていることになります。

なお、遺族基礎年金は、18歳年度末までの年齢の子がいないので受給できません。

《遺族厚生年金の死亡した人の要件》
① 被保険者の死亡
② 被保険者であった人が加入中に初診日のある病気・けが等で、初診日から5年以内に死亡

③　障害厚生年金1・2級の受給権者の死亡
④　老齢厚生年金の受給権者の死亡
⑤　老齢厚生年金の受給に必要な加入期間の要件を満たしている人の死亡

　例えば、夫が42歳で厚生年金の加入期間が20年あり、その後国民年金に加入した期間が2年になった時点で死亡した場合は、どうなるのでしょうか？

　子がいない場合は、遺族基礎年金は発生しません。死亡一時金が国民年金にありますが、3年以上の第1号被保険者としての保険料納付が必要ですので、これも受給できません。

　頼みの綱は、20年加入した厚生年金になりますが、厚生年金と国民年金の加入期間を合計しても22年しかなく、25年を満たすことができません。他の要件にも該当しませんので、残念ながら、厚生年金からも遺族給付を受けることはできません。

　脱サラをして国民年金に加入しても25年の受給資格期間を満たすまでの間は、遺族厚生年金が受給できないことを知っておきましょう。

正解　B

子供の遺族厚生年金を親が受け取れる？

Q7 子供が大学を卒業後、就職して厚生年金に2年加入していましたが、交通事故で亡くなりました。学生の時、国民年金の保険料については、学生の納付特例を受けていました。私は現在52歳で専業主婦、夫は56歳で会社員（年収1,000万円）です。私たちは、子供の遺族厚生年金を受け取ることができますか？　次のうち正しいものを選んでください。

- A　子は在職中の死亡のため、両親が遺族厚生年金を受け取ることができる
- B　子は在職中の死亡のため、収入のない母が遺族厚生年金をうけとることができる
- C　両親ともに遺族厚生年金を受け取ることはできない

【解説】
　遺族年金が受給できるかどうかについては、「死亡した人の要件」と「遺族の要件」の2点を確認し、亡くなった人と遺族が共に要件を満たしている場合に、実際に受給できることになります。

⑴ **遺族厚生年金について確認しましょう**
　死亡したお子さんは、在職中であったため、次頁の遺族厚生年金の要件①に該当します。要件①には、「保険料納付要件の確認」（P174参照）とあります。これは、「亡くなった人に保険料の滞納期間が多い場合は、遺族年金は残せません」という意味です。具体的には、死亡した人の保険料滞納期間が、その人の被保険者期間の1/3以上の場合は、原則として保険料納付要件を満たすことができないということになり、遺族厚生年金は発生しません。

第8章　遺族の給付　161

お子さんが、学生の納付特例を受けていた期間は、保険料納付要件を確認する際には、納付していたものと同様の扱いになります。そのため、滞納期間はありませんので、保険料納付要件を満たしていることになり、遺族年金を残すことができます。

遺族年金	死亡した人の要件（いずれかに該当すれば可）
遺族厚生年金 （厚生年金制度から支給）	①厚生年金の被保険者の死亡（★）
	②被保険者であった人が厚生年金加入中に初診日のある病気やけがが原因で初診日から５年以内に死亡（★）
	③障害厚生年金１・２級の受給権者の死亡
	④老齢厚生年金の受給権者の死亡
	⑤老齢厚生年金の受給資格期間を満たしている人の死亡

（★）保険料納付要件を満たしていることが必要です。

では次に、ご両親が遺族の要件に該当しているのかどうかを確認しましょう。

遺族厚生年金においては、父母は子の死亡当時、55歳以上で生計維持関係がなければ遺族になりません。そのため、52歳の母は遺族の範囲に入りません。父は、56歳なので年齢では遺族になりますが、前年の年収が1,000万円と、850万円を超えているため生計維持関係が認められず、遺族になりません。

ということで、このケースの結論ですが、残念ながらお子さんが亡くなったことによる遺族厚生年金をご両親が受け取ることはできません。

ところで、同様のケースでもし母が56歳だった場合にはどうなるのでしょうか？　その場合は、母が遺族厚生年金の受給権者となります。ただし、実際の受給は、60歳からとなります。このように子の死亡当時、父母のどちらか一方のみが遺族の要件を満たしている場合は、その人が遺族厚生年金の全額を受け取ります。また、子の死亡当時、父母が共に遺族の要件を満たしている場合の遺族厚生年金は、それぞれ1/2ずつを受け取ることになります。

(2) 遺族基礎年金について確認しましょう

　遺族基礎年金の遺族の範囲は、「子のある配偶者」又は「子」のため、父母は遺族になりません。そのため、受給できません。

正解 C

共働きの妻の死亡。遺族厚生年金は？

Q8 共働きの妻（55歳）が亡くなり、夫（58歳・年収800万円）が残されました。夫は、遺族厚生年金を受給することができますか？
　次のうち正しいものを選んでください。
　A　妻が亡くなった時点から、夫は遺族厚生年金を受給できる
　B　妻が亡くなった時点で夫に遺族厚生年金の受給権が発生するが、実際に支給されるのは60歳以後となる
　C　妻が亡くなっても夫は遺族厚生年金を受給できない

【解　説】
　まず、夫が遺族厚生年金の受給権者になるのかどうかを検討してみましょう。夫は、妻の死亡時点で「55歳以上である」「前年の年収が850万円未満である」の2つの条件を満たしているので、遺族厚生年金の受給権者となります。しかし実際に受給できるのは60歳からです。
　昭和28年4月2日以後生まれの人は、60歳からの報酬比例部分がないため、60歳から61歳（特例支給開始年齢）までの間（次の図中①の期間）は、遺族厚生年金を受給することができます。その間、たとえ夫が厚生年金に加入していたとしても、遺族厚生年金は、在職老齢年金の調整がありませんので、全額受け取ることができます。
　夫の特別支給の老齢厚生年金の特例支給開始年齢以降（次の図中②の期間）は、特別支給の老齢厚生年金と遺族厚生年金のいずれか有利なものを選択します。特別支給の老齢厚生年金が在職老齢年金のしくみにより全額支給停止になった場合でも、遺族厚生年金は全額受け取ることができますので、この点も考慮して選択しましょう。
　次に、65歳からはどうなるのでしょうか？　65歳以後（次の図中③の

期間)、夫はまず、自身の老齢厚生年金を受給します。その上で、遺族厚生年金の額が夫の老齢厚生年金の額を超えていれば、超えた分が遺族厚生年金として支給されますが、夫の老齢厚生年金が高い場合は、遺族厚生年金を実際には受給しないという状態が続きます。

65歳以後は以上のような調整が行われるので、夫は自身の老齢厚生年金だけを受給するケースが多くなります。これが「共働きの場合、妻が亡くなっても夫は遺族厚生年金を受け取れない」と言われる理由です。

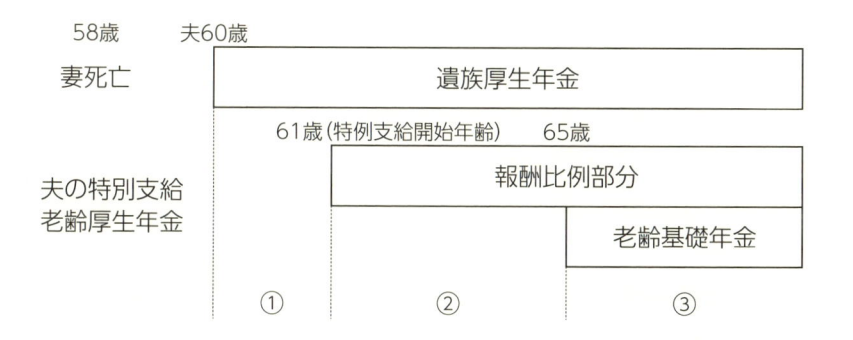

```
58歳      夫60歳
妻死亡    ┌─────────────────────────────┐
          │         遺族厚生年金          │
          └─────────────────────────────┘
                  61歳(特例支給開始年齢)    65歳
          ┌─────────────────────────────┐
夫の特別支給│         報酬比例部分          │
老齢厚生年金└─────────────────────────────┤
                                  │ 老齢基礎年金 │
                                  └─────────────┘
             ①          ②              ③
```

正解 **B**

第8章 遺族の給付　165

65歳からの老齢と遺族の選択は？

Q9 夫が亡くなってから遺族厚生年金を受給しています。私（妻）も会社勤めをしていたので、60歳から老齢厚生年金が受け取れます。遺族厚生年金と老齢厚生年金は、60歳から65歳までの間は、どちらか一つを選択して受け取るようですが、65歳以後は、両方を受け取ることができるのでしょうか？
次のうち正しいものを選んでください。
　A　65歳以後は、遺族厚生年金と老齢厚生年金は両方を全額受給することができる
　B　65歳以後は、遺族厚生年金と老齢厚生年金はどちらか一つを選択して受給する
　C　65歳以後は、老齢厚生年金を受給するが、遺族厚生年金の額が老齢厚生年金よりも高い場合は、差額を遺族厚生年金として受給する

【解 説】
　妻の特別支給の老齢厚生年金の報酬比例部分が4万円、定額部分が6万円（月額。以下同様）、遺族厚生年金が9万円受給できるとすると、遺族と老齢の年金の選択は次のようになります。
● 妻が60歳以上65歳未満の間
　遺族厚生年金と特別支給の老齢厚生年金のどちらか一方を選択して受給します。
　報酬比例部分のみを受給する期間は、老齢厚生年金4万円＜遺族厚生年金9万円なので、遺族厚生年金を選択します。定額部分が受給できるようになると、老齢厚生年金10万円＞遺族厚生年金9万円となるので、老齢厚生年金を選択します。このように時期によって、年金の

選択を変えること（将来に向かってならば何度でも）も可能です。

● 妻が65歳以後

　まず、自身の老齢厚生年金（4万円）を受給します。そして遺族厚生年金（9万円）＞老齢厚生年金（4万円）なので、差額（5万円）を遺族厚生年金として受給します。

　結果的に受け取ることができる年金は、老齢基礎年金＋老齢厚生年金（4万円）＋遺族厚生年金（5万円）になります。

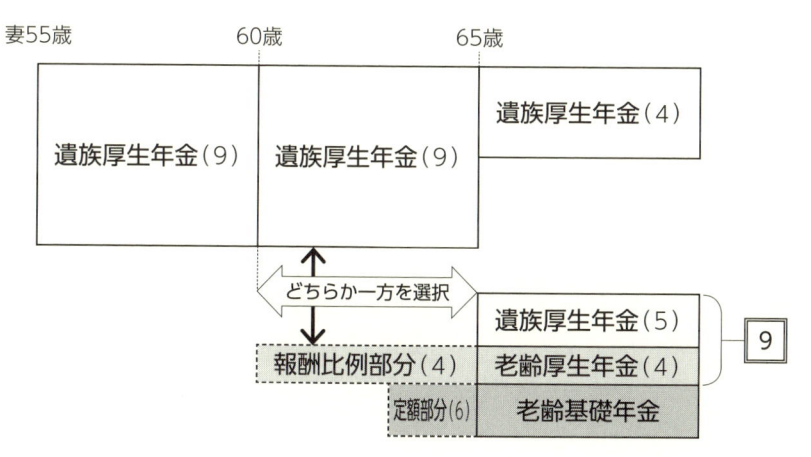

```
妻55歳          60歳           65歳

遺族厚生年金(9)  遺族厚生年金(9)  遺族厚生年金(4)

           ←どちらか一方を選択→  遺族厚生年金(5)  ⎫
           報酬比例部分(4)      老齢厚生年金(4)  ⎬ 9
                  定額部分(6)  老齢基礎年金     ⎭
```

（単位：万円/月額）

正解 **C**

第8章　遺族の給付　167

内縁の妻は遺族年金の対象になる？

Q10 私と夫（サラリーマンで在職中に死亡）は内縁関係でした。先日、夫が交通事故で亡くなりましたが、内縁の妻でも遺族厚生年金は受け取れるでしょうか？
次のうち正しいものを選んでください。
A 法律上の妻しか受け取ることはできない
B 子がいれば内縁関係の妻でも受け取ることができる
C 内縁関係の妻であっても受け取ることはできる

【解　説】
　年金制度では、配偶者について「婚姻の届出をしていないが、事実上婚姻関係にある人も含む」と定められています。そのため、内縁関係であっても婚姻の届出さえすれば、法律上の配偶者と同様であり、生計維持関係があると認められる場合は、配偶者として遺族年金が受給できる遺族に該当します。
(注)　「生計維持関係」の認定の基準は…「生計同一」かつ「前年の年収が850万円未満」

正解　C

遺族厚生年金の額は？

Q11 夫は67歳で、年間約240万円の年金を受給しています。内訳は概算額で、老齢厚生年金が124万円、老齢基礎年金が76万円、加給年金額が40万円です。遺族厚生年金はいくら支給されるのでしょうか？

次のうち正しいものを選んでください。
A　240万円×1/2＝120万円
B　（124万円＋76万円）×3/4＝150万円
C　124万円×3/4＝93万円

【解説】
　老齢厚生年金を受給している人が亡くなった場合の遺族厚生年金の年金額は、死亡した人の老齢厚生年金（報酬比例部分相当額）の額の3/4となります。老齢基礎年金や加給年金額は、受給権者が死亡しても遺族厚生年金には反映しません。

正解　C

第8章　遺族の給付

遺族厚生年金の失権

Q12 厚生年金に加入中の夫が死亡した場合、妻に支給される遺族厚生年金について、次のうち正しいものを選んでください。

　A　遺族厚生年金は、妻が再婚したときには受給する権利が無くなる

　B　夫が死亡した時点で30歳未満の子のない妻が受給する遺族厚生年金は、5年間の有期年金となる

　C　遺族厚生年金は、子が18歳年度末に到達すると受給する権利がなくなる

【解　説】

　それぞれの年金には、その年金の受給権が消滅し、年金が受け取れなくなる理由（失権事由）が定められています。遺族年金の場合は、すべての受給権者に共通の失権事由と、特定の遺族にのみ該当する失権事由があります。妻が受給権者である場合の遺族厚生年金の失権事由は、次の通りです。

① 死亡したとき
② 婚姻したとき（事実上の婚姻関係を含む）
　※結婚後に離婚しても、一度失権しているので、受給権者とはなれません。
③ 直系血族又は直系姻族以外の養子となったとき（事実上の養子縁組関係を含む）
④ 30歳未満で遺族厚生年金のみの受給権を取得した日から5年を経過したとき
⑤ 同一の支給事由に基づく遺族基礎年金・遺族厚生年金を受給してい

る妻が、30歳に達する日前に遺族基礎年金のみの受給権を失った場合は、その日から5年を経過したとき

以上のことから、A・Bは正しく、Cは間違っています。なお、「子が18歳年度末に到達すると受給する権利がなくなる」のは遺族基礎年金です。

◆子がいる場合

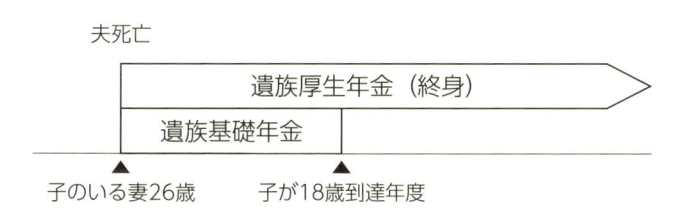

夫死亡

遺族厚生年金（終身）
遺族基礎年金

子のいる妻26歳　　子が18歳到達年度

◆子がいない場合

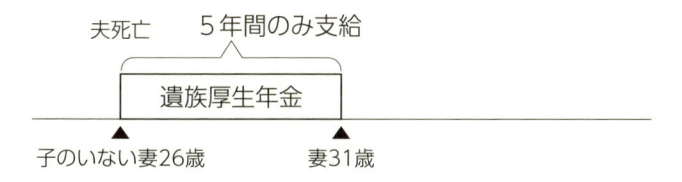

夫死亡　　5年間のみ支給

遺族厚生年金

子のいない妻26歳　　妻31歳

正解
A・B

第8章　遺族の給付　171

第9章　障害の給付

事故に遭ってから保険料を納めれば、年金は受給できる？

Q1 私は現在22歳で、18歳の頃からアルバイトをしています。国民年金の保険料を納めたことはありません。先日友人に「保険料を納めないと、万一障害になった場合、何も保障が受けられない。」と言われました。でも、事故に遭ってからでも保険料をまとめて支払えば、障害基礎年金は受け取れますよね？　次のうち正しいものを選んでください。

　A　障害を負った場合は、障害の年金を請求する前に保険料を納めれば、障害基礎年金を受け取ることができる
　B　障害の原因となった病気やけがの初診日に保険料を納めれば、障害基礎年金を受け取ることができる
　C　障害の原因となった病気やけがの初診日の前日に保険料を納めていれば、障害基礎年金を受け取ることができる

【解説】

　障害基礎年金を受け取るためには、一定以上の期間、保険料を納めておく必要があります。これは、障害や遺族の年金を受給する際に「保険料納付要件」として決められているものです。保険料の免除や猶予等の手続きを行った期間は、保険料を実際には納めていなくても、納めたものと同様の扱いをします。

　では、保険料納付要件がどのようになっているのかを確認しましょう。

(1) 保険料の納付状況は、いつの時点で確認するの？

① 「初診日の前日」時点で保険料の納付状況を確認し、保険料納付要件を満たしているかどうかの判定を行います。そのため、初診日以後に保険料をまとめて納めても、障害基礎年金は受け取れません。これは、

障害の状態になってから（又は、なることが予想される状態になって）保険料を支払うという逆選択を防止する意味があります。
② 初診日とは、障害の原因となった病気・けが等で初めて医師の診療を受けた日のことです。

(2) どの程度の期間納付すればいいの？

「保険料滞納は全体の加入期間の1/3未満」までとなっています。保険料納付状況の確認方法の原則は①ですが、その要件を満たせない場合は、特例の要件②に該当すれば、要件を満たしたことになります。

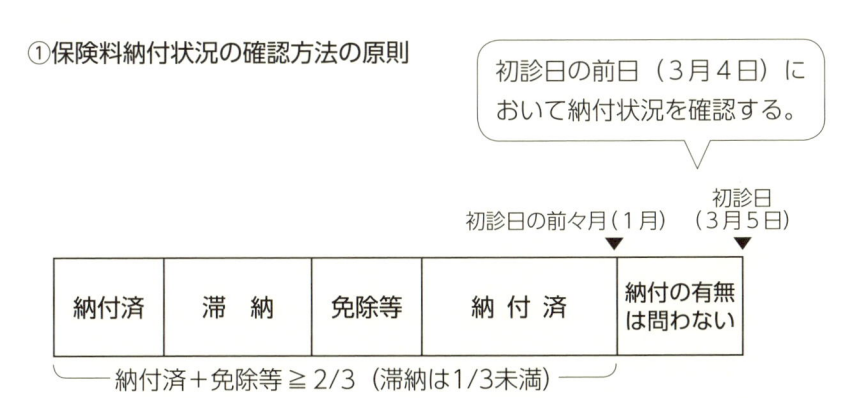

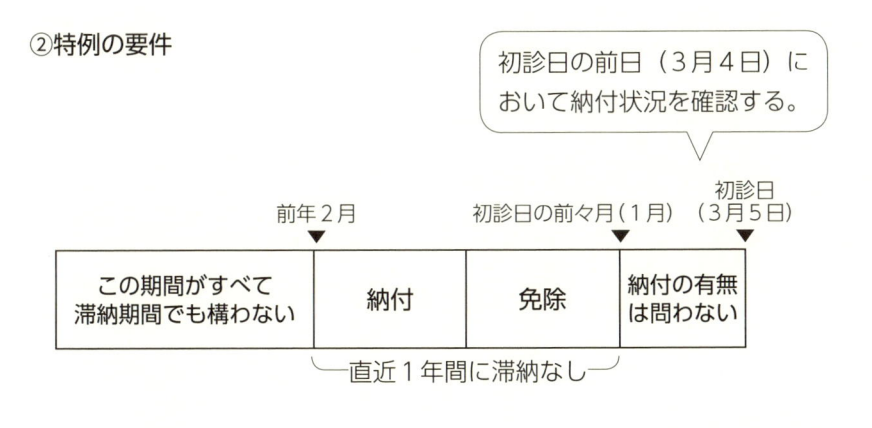

①保険料納付状況の確認方法の原則

初診日の前日（3月4日）において納付状況を確認する。

初診日の前々月（1月）　初診日（3月5日）

| 納付済 | 滞　納 | 免除等 | 納付済 | 納付の有無は問わない |

納付済＋免除等 ≧ 2/3（滞納は1/3未満）

②特例の要件

初診日の前日（3月4日）において納付状況を確認する。

前年2月　初診日の前々月（1月）　初診日（3月5日）

| この期間がすべて滞納期間でも構わない | 納付 | 免除 | 納付の有無は問わない |

直近1年間に滞納なし

第9章　障害の給付　175

①　初診日のある月の前々月までの公的年金の加入期間のうち、保険料納付済と免除等の期間が2/3以上あること。つまり、滞納期間は1/3未満であること。
②　初診日が平成38年3月31日までの間にある場合は、初診日のある月の前々月までの直近1年間に保険料の滞納がないこと。
　　ただし、初診日において65歳以上の場合は、②の確認方法は使えません。

なお、遺族の年金でも、亡くなった人の保険料の納付状況の確認が必要な場合があります。その際には、「初診日」を「死亡日」に置き換えて、「死亡日の前日」時点で保険料納付要件を満たしているかどうかを判定します。

保険料納付要件の判定方法は、障害の年金と同様です。

正解 C

障害基礎年金は、何歳までの障害を保障する？

Q2 現在70歳で、老齢基礎年金を受給しています。昨年から病気になり、ほぼ寝たきりの状態になっています。今から請求すれば、障害基礎年金が受け取れるのでしょうか？
次のうち正しいものを選んでください。
A　障害基礎年金を受給できる
B　障害基礎年金を受給できない

【解　説】

基礎年金の初診日における受給要件は、次のいずれかに該当することが必要です。
① 初診日において、国民年金の被保険者（加入者）であること
② 初診日において、被保険者であった人で、国内に住所を有する60歳以上65歳未満の人であること

つまり、初診日が65歳に達する前にあり、障害認定日に障害等級に該当すれば、障害基礎年金の受給権が発生することになります。しかし、初診日が65歳以上の場合は、障害基礎年金の受給権は発生しません。

一方、障害厚生年金については、厚生年金の被保険者期間中に初診日のある病気やけがで障害になった時に、受給権が発生します。厚生年金の加入年齢の上限は70歳ですので、在職中に初診日があれば、初診日に65歳を超えていても、障害厚生年金が受給できる場合があります。

正解 **B**

第9章　障害の給付　177

繰上げ受給後に障害になったら？

Q3 私は62歳で、老齢基礎年金の繰上げ受給をしています。もし、障害の状態になった場合は、障害基礎年金の方が金額が高いので、切り替えたいと思っていますが、切替はできますか？ 次のうち正しいものを選んでください。
A　切替できる
B　切替できない

【解 説】
　結論は、切替はできません。その理由は、老齢基礎年金を繰上げ受給すると、65歳に達しているとみなされるからです。障害基礎年金は65歳到達前までが保障期間のため、繰上げ請求後に障害の状態になっても、受給権が発生しません。そのため、切替えもできません。
　なお、障害基礎年金は、2級の額で老齢基礎年金の満額（40年間保険料を納付した場合に受け取れる額）と同額、1級の額はその1.25倍で満額の老齢基礎年金の額以上になるため、繰り上げた老齢基礎年金よりも、高い金額が支給されます。繰上げ請求をするのかどうかを検討する際に、この点も考慮してください。

正解 **B**

20歳前の障害は、保障される？

Q4 国民年金は、原則20歳から加入するので、子供のころの事故が原因で負った障害については、障害基礎年金を受給することはできないのでしょうか？
次のうち正しいものを選んでください。
A　20歳未満で負った障害については、障害基礎年金の保障はない
B　20歳未満で負った障害については、20歳前障害基礎年金の制度で保障される

【解説】
　障害の年金は、初診日が年金制度の加入期間中にあることが大原則ですが、例外として初診日が20歳前（国民年金に加入する前）の場合でも、障害基礎年金が支給される制度「20歳前障害基礎年金」があります。
　ただし、実際に障害基礎年金が支給されるのは20歳以後からとなります。

(1) **20歳前の障害による「20歳前障害基礎年金」**
①保険料納付要件
　20歳前障害は、国民年金に加入していない期間に初診日があるため、保険料の納付状況は確認しません。
②障害状態
　障害認定日において、年金制度の障害状態（障害基礎年金には1級と2級があります。）に該当していることが必要です。
③「障害認定日」とは？
　障害の程度が、年金制度の障害等級に該当しているのかどうかを認

第9章　障害の給付

定する日のことで、初診日から1年6カ月を経過した日となります。ただし、1年6カ月を経過するまでの間に、治癒又は症状が固定（治療してもこれ以上は症状が改善しない病状）した場合は、その日を障害認定日とします。

④**支給時期**
- 障害認定日が20歳前の場合は、20歳到達の翌月から支給されます。（図1）
- 障害認定日が20歳以後の場合は、障害認定日の翌月から支給されます。（図2）

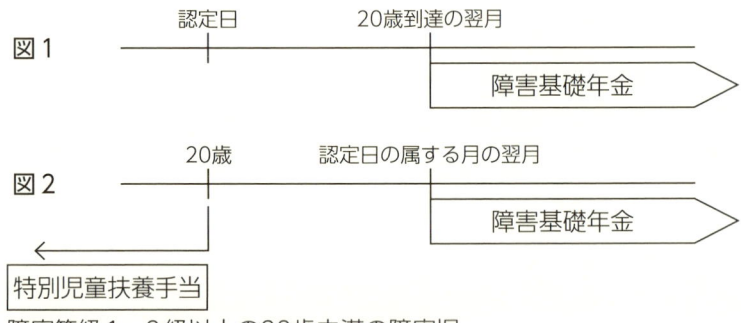

図1　　　認定日　　　20歳到達の翌月　　　障害基礎年金

図2　　　20歳　　　認定日の属する月の翌月　　　障害基礎年金

特別児童扶養手当
障害等級1・2級以上の20歳未満の障害児を監護する父もしくは母、又は、父母にかわって児童を養育している人に支給

⑤**所得による支給制限**
　20歳前障害は、本人が保険料を納付していないので、所得による支給制限（2段階制）が設けられています。所得による支給制限は、その年の8月から翌年の7月までの間、年金額の半額又は全額が支給停止されます。

　前年の所得が398万4,000円（2人世帯）を超える場合
　　➡年金額の2分の1が支給停止
　前年の所得が500万1,000円（2人世帯）を超える場合
　　➡全額支給停止

（年金額）	1級＝966,000円 （月額80,500円） 2級＝772,800円 （月額64,400円） 全　額　支　給	2分の1支給停止 1級＝483,000円 （月額40,250円） 2級＝386,400円 （月額32,200円）	全額支給停止

▲0円　　　　▲398.4万円　　　　▲500.1万円(所得※)

※所得は2人世帯で給与所得の場合です。
※年金額はH26年4月～H27年3月までの額です。

(出典：日本年金機構)

正解　**B**

第9章　障害の給付　**181**

障害基礎年金の額はいくら？

Q5 障害基礎年金の額は、老齢基礎年金と同じく、保険料を納付した月数によって決まるのですか？
次のうち正しいものを選んでください。
A 障害基礎年金も老齢基礎年金と同じ計算式を使用するため、障害基礎年金を受給する時点までの国民年金の保険料を納めた期間と免除期間によって計算された額が、障害基礎年金の２級の額となる
B 障害基礎年金は、保険料を納めた月数にかかわらず、老齢基礎年金の満額が障害基礎年金の２級の額となる

【解 説】

　障害基礎年金の額は、保険料を納めた月数とは関係なく、障害の状態（障害等級）に応じた額が支給されます。そのため、20歳で国民年金に加入して、その直後に障害を負った場合でも、２級程度の障害であれば、年間77万2,800円が受給できます。１級の場合は２級×1.25で96万6,000円となります。このように定めてあるのは、加入年数が短い時点で障害状態になった場合でも、一定の年金額を保障するためです。

　また、障害基礎年金が支給される人に、一定の条件に該当する子がいる場合は、子の人数に応じた加算があります。２人目までは222,400円、３人目からは74,100円です。

(1)障害基礎年金の額（H26年4月～H27年3月まで）

障害等級	年　金　額	子(※)に対する加算額
1　級	966,000円 （2級の年金額×1.25）	2人目までは1人につき222,400円 3人目以降は1人につき 74,100円
2　級	772,800円	

※18歳到達の年度末（障害等級1・2級の障害に該当する場合は20歳未満）までの未婚の子が、加算の対象となります。

《例》
　障害等級2級の人に、3人の子がいる場合の年金額
　772,800円＋（222,400円×2＋74,100円）＝1,291,700円

(2)障害等級

　障害基礎年金は、その障害の状態に応じて、1級（重い障害）と2級の2種類があります。障害の状態が2級よりも軽いと判定された場合は、障害基礎年金は支給されません。

　また、障害基礎年金を受給していた人の障害の状態が軽減し、2級よりも軽くなった場合は、その間、障害基礎年金は支給停止となります。

　障害厚生年金も、障害基礎年金と同じ障害等級の区分（1級・2級）により判定しますが、2級より軽い3級もあります。また、3級より軽い場合は、年金ではなく一時金の給付があります。

正解 **B**

退職後に障害に…障害厚生年金は？

Q6 厚生年金に加入中に初診日があれば、退職後に障害の状態になっても障害厚生年金が受け取れますか？
次のうち正しいものを選んでください。
A　厚生年金に加入中に初診日があれば、退職後に障害の状態になっても障害厚生年金を受け取ることができる
B　厚生年金に加入中に初診日があっても、退職後に障害の状態になった場合は、障害厚生年金は受け取れない

【解　説】
　障害厚生年金を受け取るためには、「厚生年金加入中に初診日があること」が絶対条件です。支給要件は、次のとおりです。

① 初診日の要件	初診日において厚生年金の被保険者であること
② 障害認定日の要件	障害認定日において障害等級１・２・３級に該当すること
③ 保険料納付要件	障害基礎年金の保険料納付要件と同じ考え方です（P174参照）

※　厚生年金加入中に初診日があれば、障害認定日が厚生年金に加入していなくても、障害厚生年金は支給されます。

《例》
　ＡさんとＢさんは同じ会社で働いています。２人とも以前から体調に異変を感じていました。Ａさんは退職前に、Ｂさんは退職後に、医療機関での治療を開始しました。
　その後、２人とも各々の病気が原因で、障害認定日に「障害等級２級に該当」と判定されました。２人が受け取れる障害の年金は次のとおりです。

184

- Aさんは退職前に受診していたため、「2級の障害厚生年金と障害基礎年金」が支給されます。
- Bさんは退職後の受診のため、障害厚生年金は受け取れず「2級の障害基礎年金のみ」が支給されます。

　この事例のように、医療機関での初めの受診日（初診日）に厚生年金の被保険者であったかどうかで、障害厚生年金の受給ができるかどうかが決まります。在職中に体調の異変を感じたら、退職するまでに必ず医師の診察を受けて、厚生年金加入中に初診日を作っておきましょう。

正解
A

厚生年金の障害の給付は？

Q7 厚生年金に加入中に初診日のある病気やけがで障害を負った場合は、障害の程度によってどのような年金が受け取れるのでしょうか？

次のうち正しいものを選んでください。

A 厚生年金に加入している人は、障害厚生年金1級、2級、3級に合わせて、国民年金の障害基礎年金1級、2級、3級を受け取ることができる

B 厚生年金に加入している人は、障害厚生年金1級、2級、3級に合わせて、国民年金の障害基礎年金1級、2級を受け取ることができる。なお、障害基礎年金には3級がないため、3級該当の場合は障害厚生年金のみを受け取ることになる

【解 説】

障害厚生年金には、障害等級に応じて1級から3級までありますが、障害基礎年金は1級と2級のみです。該当する障害等級で、受けることができる年金が異なります。

(1) **障害基礎年金と障害厚生年金の関係**

① 厚生年金加入中に初診日のある人が、1級又は2級に該当した場合は、障害基礎年金と障害厚生年金の両方が支給されます。

② 障害基礎年金には子に対する加算が、障害厚生年金の1・2級には配偶者に対する加算があります。（3級には加算はありません。）

　（注）　子：18歳到達の年度末（障害等級1・2級の障害に該当する場合は20歳未満）までの未婚の子

配偶者：障害厚生年金を受給している人に生計を維持されている65歳未満の配偶者

③ 3級は障害基礎年金が支給されないため、障害厚生年金に最低保障額が設定されています。

1級	2級	3級
配偶者への加算		
障害厚生年金1級（2級額×1.25）	配偶者への加算	
	障害厚生年金2級 報酬比例の額	障害厚生年金3級 報酬比例の額
障害基礎年金1級 966,000円（2級額×1.25）	障害基礎年金2級 772,800円	3級には、最低保障額（579,700円）が設定されています。
子の加算	子の加算	

※年金額はH26年4月～H27年3月までの額です。

(2) 障害厚生年金の額（報酬比例部分の額）

障害厚生年金は、障害認定日の月までの厚生年金加入期間と給料・賞与の平均額を使用して年金額を算出します。障害基礎年金のように、障害等級により定額で支給される訳ではありません。

報酬比例の計算式

給料等の平均額 × 5.769 / 1,000 × 厚生年金加入月数 × スライド率

※厚生年金の加入期間が300月未満の場合は、300月あったものとして年金額を算出します。

1.031 × 0.961

正解 B

第10章　年金の請求

年金の受給に手続きは必要か？

Q1 国民年金や厚生年金等は、手続きをしないと受け取れないのですか？
次のうち正しいものを選んでください。
A 年金を受給できる年齢になれば、自動的に支払いが行われる
B 年金を受給できる年齢に達しても、請求しなければ受け取ることはできない

【解説】

年金にはそれぞれに受給要件（老齢、障害、遺族給付を受けるための条件）があり、それを満たす人が厚生労働大臣に請求し、裁定（年金受給の権利が存在することを公的に確認すること）されてはじめて年金の支払いが受けられます。

そのため、老齢基礎年金や老齢厚生年金ですと、受給資格期間（原則25年の公的年金の加入期間）を満たして支給開始年齢に到達した時点で請求手続きをしなければ、年金の支給は行われません。

要件を満たしている人には自動的に裁定して年金を支給すればよいのではないか、という意見もあります。しかし、公的年金制度は国民年金、厚生年金、共済年金と多岐にわたり、一元的に受給資格期間を確認することが難しく、繰上げ、繰下げなど原則の支給開始年齢以外で請求できる制度があることなどから、本人の請求によって裁定することになっています。

正解 **B**

働くので年金は全額カットになるけれど、請求するの？

Q2 私は来月61歳になります。すでに日本年金機構から年金の請求書が届いています。

私は、60歳以後も働いていて、65歳までは厚生年金に加入して今のままの給料で働くため、年金は全額停止となり、1円も受け取れないとのことです。それでも年金の請求はするのでしょうか？　次のうち正しいものを選んでください。

A　年金が全額支給停止となる場合は請求しなくてよい
B　年金が全額支給停止となる場合でも請求はする

【解　説】

在職中のため、年金が全額カットになる、又は、大部分がカットになるので、まだ請求をしていないという方は少なくありません。しかし、いずれは年金を受け取るために手続きを行わなくてはなりません。年金が全額停止となる場合でも、受給開始年齢に到達したら、年金の請求をしておくことをお勧めします。

というのは、今後、給料や賞与が低下して、年金が一部支給されるようになることがあるかもしれません。そのようなときにも、請求をしておけば、自動的に年金が計算されて、振り込みが行われるので安心です。

また、65歳時点では必ず請求を行うことになりますが、60歳で請求をしておけば、65歳での請求は、はがきによる簡便なものになります。年金請求は、ご自身の年金の受給権を確定する手続きですので、全額停止の場合も行ってください。

正解　**B**

第10章　年金の請求

厚生年金も65歳で請求する方が有利？

Q3 私はもうすぐ61歳になる男性です。厚生年金の期間があり、61歳から特別支給の老齢厚生年金が受け取れるようです。しかし、61歳で年金の請求をすると年金額が減額されると聞きました。請求書が届いても65歳になるのを待って請求した方がよいのでしょうか？
　次のうち正しいものを選んでください。
　A　61歳で特別支給の老齢厚生年金を請求すると、繰上げ受給となり減額されるので、65歳で請求したほうがよい
　B　61歳で老齢厚生年金が受け取れる場合は、繰上げ受給にはならないので、61歳で請求すればよい

【解説】

　繰上げ受給というのは、本来定められている支給開始年齢より早く請求し、受給を開始することを言います。繰上げ受給をすると、年金は減額になります。しかし61歳で特別支給の老齢厚生年金が受給できる人が、61歳で請求しても繰上げ受給にはなりませんし、減額もされません。安心して請求をしてください。
　なお、65歳前に請求すると繰上げ請求になるのは、次の2つの場合です。
① 老齢基礎年金を60歳以上65歳未満の希望する時期から受給する。
② 老齢厚生年金を60歳以上特例支給開始年齢[注]未満の間に受給する。
　　この場合は、老齢基礎年金も必ず同時に繰り上げなければなりません。

（注）特例支給開始年齢とは…

特別支給老齢厚生年金の報酬比例部分の支給開始年齢のことで、昭和28年・29年度生まれの男性は61歳となっています。

また、報酬比例部分の支給開始年齢が61歳の人が、65歳まで繰り下げて増額することはできません。特別支給老齢厚生年金は、生年月日と性別に応じて60歳から65歳の間に受給することになっています。

正解 **B**

妻の年金を夫名義の口座で受け取れる？

Q4 夫は62歳で老齢厚生年金を受給しています。来月私も60歳になり、厚生年金の請求をします。家計費を管理するのに、収入の口座を一つにしておきたいと思っています。夫名義の年金の受取口座に、妻である私の分も振り込みできますか？次のうち正しいものを選んでください。

A 年金の請求の際に、戸籍謄本を添付して夫婦であることが確認できれば、夫の口座への振り込みは可能である
B 内縁関係でなければ、夫の口座への振り込みは可能である
C 夫の口座への振り込みはできない

【解 説】
年金の振込口座は、本人名義に限ります。たとえご夫婦でも妻の年金を夫名義の口座で受け取ることはできません。年金の請求書に希望する受取金融機関の記入欄がありますので、引き出すのに便利なご自宅近くの郵便局や金融機関を指定し、年金受給手続きをしてください。

正解 **C**

年金は、何月分から支払われる？

Q5 私は次の4月23日に60歳の誕生日を迎える女性です。厚生年金を請求しますが、何月分から支払われますか？次のうち正しいものを選んでください。
A　4月分は日割り（23日から月末分まで）で支払われる
B　4月分の年金（1カ月分）から支払われる
C　5月分の年金から支払われる

【解　説】
　年金が支払われる期間は、「支払うべき事由の生じた月の翌月」から、「支払うべき事由のなくなった月」までとなります。
　老齢の年金の場合、支払うべき事由の生じた月とは、「25年の受給資格期間を満たしている人が、支給開始年齢に到達した月」であり、このケースですと4月23日が誕生日ですので、その前日である4月22日が、60歳に到達する日となります。年金の支給開始は、その翌月分からになりますので、5月分からとなります。
　また、老齢の年金は、死亡した月に支給が終了されることになっています。死亡日が1日であっても末日であっても、死亡月までの年金が支払われることとなります。

《例》

4月	5月	6月	7月	8月	…	…	○月
支給開始年齢到達							死亡

　　　　　　←　　　　　年金支払い期間　　　　　→

第10章　年金の請求　195

なお年金の支給日は、偶数月の15日（土・日・祝日は前営業日）で、支払い月の前2カ月分が指定口座に振り込まれます。例えば、8月15日には、6月と7月分の年金が支払われます。ただし、初回は偶数月にかかわらず振り込まれることがあります。

正解
C

未支給年金って何？

Q6 老齢厚生年金を受給中の夫が4月14日に亡くなりました。亡くなったときにまだ受け取っていない年金は、何カ月分あるのでしょうか？
次のうち正しいものを選んでください。

A　最終の支払いが2月15日だったので、1カ月分（3月）が未払い分となる

B　最終の支払いが2月15日だったので、2カ月分（3月・4月）が未払い分となる

C　最終の支払いが2月15日だったので、3カ月分（2月・3月・4月）が未払いとなる

【解 説】

　年金を受給している人が、亡くなった時に、受け取る権利があるにもかかわらず、受け取ることができなかった年金を未支給年金と言います。

　偶数月の15日は年金の支払い日ですが、亡くなった日が支払い日より前か、後かによって、未支給年金として残る年金の額が違ってきます。

　4月14日に亡くなった場合は、最後の年金受給は、2月15日です。この時に受け取った年金は、12月・1月分です。年金は、死亡した月まで支払われますので、2月から4月分まで支払われます。その結果、計3カ月分の年金が、未支給年金となります。

　一方、4月16日に亡くなった場合は、年金を受給してから亡くなるので、未支給年金がないものと考えがちですが、実は、そうではありません。例えば、4月16日に亡くなった場合、4月15日に最後の年金の支払いを受けていますが、この年金は、2月・3月分です。年金は、死亡した月まで支払われますので、4月分も受給できます。ただし本人は、亡

第10章　年金の請求　197

くなっているので、その年金が未支給年金となってしまうのです。

[4月14日に亡くなった場合] ☆3カ月分が未支給年金となる

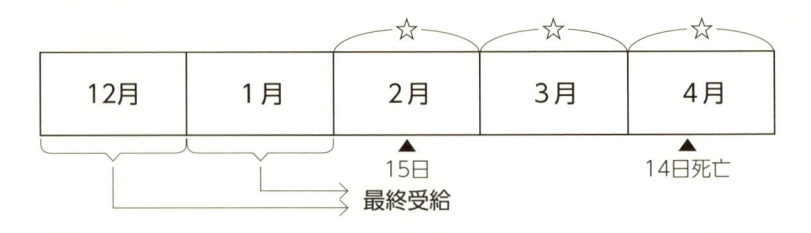

12月	1月	2月 ☆	3月 ☆	4月 ☆

▲15日 最終受給　　▲14日死亡

[4月16日に亡くなった場合] ☆1カ月分が未支給年金となる

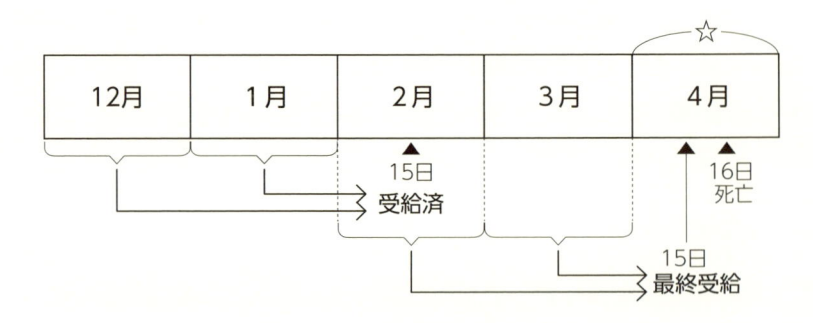

12月	1月	2月	3月	4月 ☆

▲15日 受給済　　▲15日 最終受給　▲16日死亡

正解　C

未支給年金を受給できる遺族の範囲は？

Q7 未支給年金は、誰が受け取ることになりますか？
次のうち正しいものを選んでください。
A　生計を同じくする配偶者・子・父母・孫・祖父母
B　生計を同じくする配偶者・子・父母・孫・祖父母又は兄弟姉妹
C　生計を同じくする配偶者・子・父母・孫・祖父母、兄弟姉妹又はこれらの者以外の3親等内親族

【解　説】

　未支給年金を請求することができる遺族の範囲は、平成26年4月1日以後の死亡から、拡大されました。以前は、2親等の範囲となっていましたが、生計を同じくする3親等内親族まで拡大されました。

　その結果、「生計を同じくする配偶者・子・父母・孫・祖父母、兄弟姉妹又は、甥、姪、子の配偶者、伯父（叔父）、伯母（叔母）、曾孫、曾祖父母等」が請求できる遺族となります。もちろん、すべての遺族が、同時に請求するということではなく、受給できる順位が決められています。第一順位は配偶者で、配偶者がいない場合は子が、配偶者も子もいない場合は父母が請求できるということになります。そして、生計を同じくする配偶者・子・父母・孫・祖父母、兄弟姉妹がいない場合に限り、生計を同じくするその他の3親等内親族が請求できるということになります。

◆三親等内親族の図

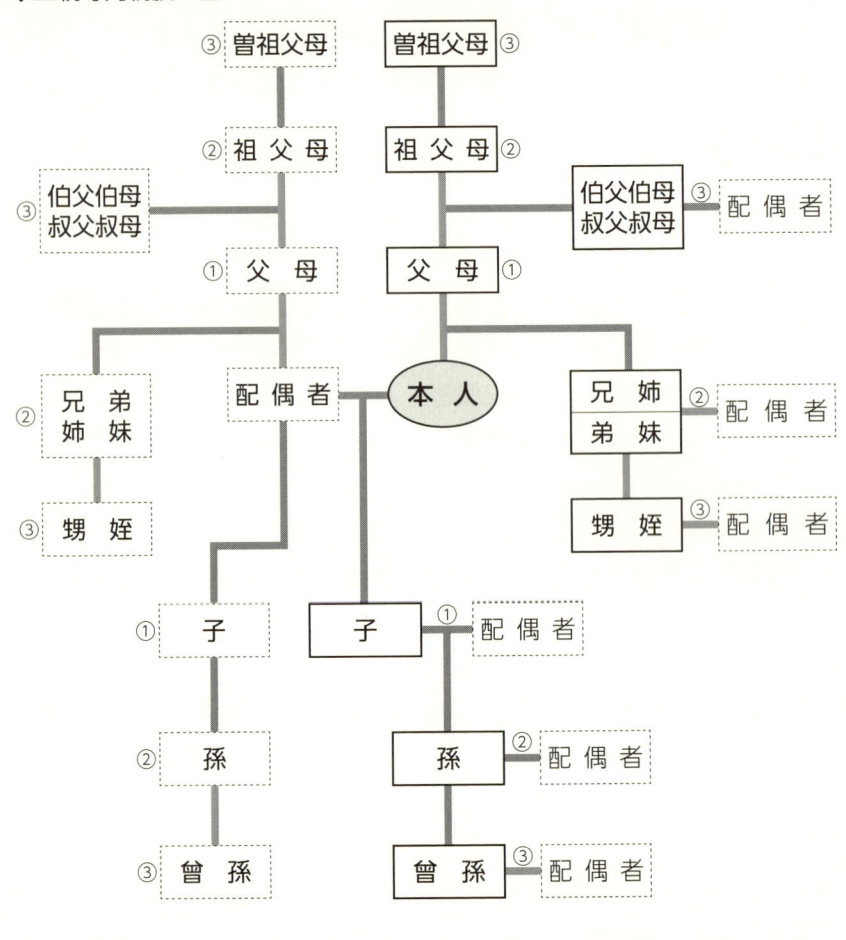

```
                    ③ 曽祖父母      曽祖父母 ③
                          |              |
                    ② 祖父母         祖父母 ②
                          |              |              ③
  ③ 伯父伯母 ――――――――+              +――――― 伯父伯母 ――― 配偶者
     叔父叔母                                 叔父叔母
                          |              |
                    ① 父 母          父 母 ①
                          |              |
        +―――――――――+              +―――――+       ②
        |                 |              |     兄姉 ――――― 配偶者
  ② 兄弟姉妹         配偶者          本人     弟妹
        |                 |              |       |        ③
  ③ 甥 姪               |              |     甥 姪 ――――― 配偶者
                          |              |
                    ① 子              子 ① ――――― 配偶者
                          |              |
                    ② 孫              孫 ② ――――― 配偶者
                          |              |
                    ③ 曽孫            曽孫 ③ ――――― 配偶者
```

□：血族　　┌┄┐：姻族
　　　　　　└┄┘
※数字は親等数

正解
C

年金の請求書は、どこにあるの？

Q8 年金の請求は、年金請求書を年金事務所、又は市区町村役場の国民年金担当窓口に提出すると聞きましたが、請求書はどこで手に入れればよいのですか？
次のうち正しいものを選んでください。
A　年金事務所、又は市区町村役場の年金担当窓口
B　事前に請求する人宛に日本年金機構から送付される

【解説】
　日本年金機構が基礎年金番号で管理している年金の加入記録だけで、受給資格期間を満たしていることが確認できる人には、支給開始年齢に到達する月の3カ月前に、年金の請求書が送付されます。請求書には、氏名、生年月日、基礎年金番号・職歴等が印字されています。
　一方、日本年金機構で受給資格期間を満たしていることが確認できない場合は、請求書は届かず、ハガキが送付されます。ハガキには、確認できない旨とともに合算対象期間を合算すれば、受給資格期間を満たす可能性があるので、年金事務所等で確認や相談をしていただくように記載されています。
　というのも、日本年金機構が基礎年金番号で管理している年金加入記録には、受給資格期間に算入できる合算対象期間や平成8年以前に退職した共済組合等の期間が入っていないからです。そのために、実際には、受給資格期間を満たしているのに請求書が届かない人もいますので、届かない場合は年金事務所にご相談ください。受給資格期間を満たしていることが確認できれば年金事務所に備えてある年金請求書で請求することができます。

正解　B

第10章　年金の請求

戸籍謄本は早めに取り寄せてもいい？

Q9 年金の請求に戸籍謄本と住民票の写しが必要とのことですが、本籍地が遠方のため郵送してもらおうと思っています。請求書が届いたらすぐに取り寄せておいてもよいですか？　次のうち正しいものを選んでください。
　A　請求書が届いたら、すぐ取り寄せて早めに準備しておく
　B　誕生日の日付のものを取り寄せなくてはならない
　C　誕生日の前日以後に取り寄せなくてはならない

【解説】
　戸籍謄本や住民票の写しは、請求者の年金に加給年金額や振替加算額などの加算がつく場合に必要となります。目的は、加算の対象となる配偶者や子供の存在、生計同一であるかどうかの確認等のためです。確認は受給権発生時点で行うため、受給権の発生する「誕生日の前日」以後に交付されたものでなければなりません。早めに準備しておこうと、「誕生日の前日」より前に交付を受けた戸籍謄本や住民票の写しは、再度取り直すことになってしまいますので注意が必要です。
　なお、添付書類はケースごとに必要なものが異なりますので、手続き前に年金事務所で確認されることをおすすめします。電話でも相談できます。

正解　C

年金請求の時効は？

Q10 年金の受給手続きを忘れてしまっていました。年金の請求や支払いに時効はありますか？
次のうち正しいものを選んでください。
- A 請求手続きについては時効がなく、何年後でも気付いた時に請求すれば全額受け取れる
- B 請求手続きについては、何年後でも気付いた時に請求することはできるが、年金の支払いは請求から5年以内の期間分となる
- C 請求手続きは、受給権発生から5年以内に行わなければ権利がなくなる

【解 説】

　年金の請求手続き自体は、時効にかかわらずいつでも行うことはできます。ただし、年金の支払いについては5年の時効が適用されます。そのため、請求から5年以内に支払われるべきであった年金はさかのぼって支払われますが、5年より前の期間分については受け取ることはできません。

　なお、年金加入記録の訂正による増額分が発生した人を対象に、5年の時効により消滅した分を含めて本人又は遺族へ全額支払うため、平成19年7月6日から「年金時効特例法」が施行されています。これはあくまで、年金加入記録の訂正があった場合に限ります。

正解 **B**

第10章　年金の請求　203

第11章　年金の税金

年金に税金はかかる？

Q1 老齢や退職の年金（国民年金・厚生年金・共済年金等）に税金はかかりますか？
次のうち正しいものを選んでください。
A　受給額により所得税がかかる
B　受給額にかかわらず所得税はかからない

【解説】

　公的年金のうち、老齢・退職の年金は雑所得として所得税がかかります。日本年金機構や共済組合は、老齢・退職の年金を支払う際に所得税を源泉徴収します。所得税には各種所得控除が設けられていますが、この所得控除を受けるには、日本年金機構や共済組合から郵送される「公的年金等の扶養親族等申告書」に必要事項を記入して返送しなければなりません。

　なお、収入が年金のみの人で、支払いを受ける年金額が、65歳未満の場合は108万円に満たない人と、65歳以上の場合は158万円に満たない人については所得税が源泉徴収されませんので、「公的年金等の扶養親族等申告書」は、送付されません。

　また、「東日本大震災からの復興のための施策を実施するために必要な財源の確保に関する特別措置法」により、平成25年1月1日から平成49年12月31日までの間「復興特別所得税」が課せられます。復興特別所得税の額は、源泉徴収される所得税の2.1％相当額で、所得税の源泉徴収に併せて行うこととされています。

正解　A

遺族年金にも課税される？

Q2 夫が亡くなり、遺族基礎年金と遺族厚生年金を受け取ることになりました。遺族年金にも税金はかかるのでしょうか？
次のうち正しいものを選んでください。
A　妻の年齢や遺族年金の額により、所得税がかかる
B　妻の年齢や受給額にかかわらず所得税はかからない
C　遺族基礎年金は非課税だが、遺族厚生年金には課税される

【解　説】
　遺族基礎年金、遺族厚生年金、遺族共済年金、恩給からの扶助料等、遺族の人に支払われる年金等については非課税となり、所得税は課税されません。また、障害の年金も非課税です。

正解　**B**

第11章　年金の税金　*207*

基金からの年金にも課税される？

Q3 私は厚生年金基金に加入していたので、特別支給の老齢厚生年金の他に基金からも年金が受け取れるようです。基金からの年金にも税金はかかりますか？

次のうち正しいものを選んでください。
A　基金からの年金には所得税がかかる
B　基金からの年金が一定額を超えると所得税がかかる
C　基金からの年金と公的年金を合計したものに所得税がかかる

【解説】

老齢・退職の年金は、雑所得として所得税がかかります。なお、老齢・退職の年金の他に雑所得として課税の対象となる年金は、厚生年金基金、適格退職年金、確定拠出年金、国民年金基金から支給される年金も含まれます。

正解　C

プロフィール

原　令子 (はら・れいこ)

- ■岡山県出身・岡山大学卒業
- ■株式会社ジェイ・サポート代表取締役
- ■社会保険労務士原令子事務所所長
- ■社会保障国民会議「雇用・年金分科会」委員、社会保障審議会年金部会専門委員を務めた

年金という重いテーマを実に明るく、軽やかに語る。セミナー終了後には、参加者一人ひとりの胸の中にしっかりと元気が充電されている。簡潔さ、わかりやすさはもちろん、「年金」をテーマにして仕事のやりがい、人生の生きがいを導き出す独特の手法は、「レイコマジック」と呼ばれ、全国に数多くのファンを持つ。セミナー実績は3,000回以上に及ぶ。年金の語り部として、依頼があれば全国どこへでも身軽に出向く。
TV出演（NHK・MBS・TBS他）、執筆と多方面にわたり活躍中。

【経　歴】
2013年社会保障審議会年金部会専門委員を務める。
2008年内閣総理大臣主宰「社会保障国民会議」の雇用・年金分科会委員を務める。
日本郵政公社総裁感謝状／日本郵政公社東京支社長感謝状
近畿郵政局長感謝状／近畿郵政研修所長感謝状
大阪府社会保険労務士会会長表彰

【講演テーマ】
- おもしろ年金セミナー
- 定年退職者のための生活設計セミナー
- プロとしての年金の話し方・伝え方
- 年金を活用する営業研修
- なりたい自分実現講座

【講演先】
ゆうちょ銀行・みずほ銀行・信金・生保等の全国の金融機関をはじめ、日本税理士厚生年金基金、COOP共済連合会、全労済、日本経済新聞社、三菱重工労働組合他、多数。

【事務所案内】
〒560-0032　大阪府豊中市蛍池東町2-7-2-302
TEL：06-6848-2203　FAX：06-6848-2205
http://www.jesupport.co.jp（無料e-ラーニング配信中）

～クイズに挑戦！　楽しく理解！～
プロが教える　年金知識
2014年5月30日　第1刷発行

著者　原　令子
発行　株式会社ぎょうせい

本社　東京都中央区銀座7-4-12　（〒104-0061）
本部　東京都江東区新木場1-18-11　（〒136-8575）
電話番号　編集　03-6892-6508
　　　　　　営業　03-6892-6666
フリーコール　0120-953-431
URL　http://gyosei.jp/

〈検印省略〉

乱丁・落丁本は、送料小社負担にてお取り替えいたします。
印刷　ぎょうせいデジタル㈱
©2014 Printed in Japan　禁無断転載・複製
ISBN978-4-324-09822-6 (5108050-00-000) [略号：年金知識]